吕红兵 著

吕爸爸的教育智慧

南方日报出版社
NANFANG DAILY PRESS
中国·广州

图书在版编目（CIP）数据

吕爸爸的教育智慧 / 吕红兵著 . — 广州：南方日报出版社，2018.9（2023.9 重印）

ISBN 978-7-5491-1894-6

Ⅰ . ①吕… Ⅱ . ①吕… Ⅲ . ①家庭教育 Ⅳ . ① G78

中国版本图书馆 CIP 数据核字（2018）第 207838 号

LÜBABA DE JIAOYU ZHIHUI

吕爸爸的教育智慧

吕红兵　著

出 版 人： 周山丹
策 划 人： 柏沐芸　曾巧英
责任编辑： 方　明　曹　星
责任技编： 王　兰
责任校对： 阮昌汉
出版发行： 南方日报出版社
地　　址： 广州市广州大道中 289 号
经　　销： 全国新华书店
印　　刷： 长沙鸿发印务实业有限公司
开　　本： 710 mm × 1000 mm　1/16
印　　张： 17
字　　数： 188 千字
版　　次： 2018 年 9 月第 1 版
印　　次： 2023 年 9 月第 3 次印刷
定　　价： 52.00 元

投稿热线：（020）83000503　读者热线：（020）83000502
发现印装质量问题，影响阅读，请与承印厂联系调换。

前 言

为什么写这本书

2011 年女儿吕卓颖到美国加利福尼亚州圣何塞上高中，这所学校名叫“山谷基督中学”（Valley Christian Schools），是美国的一所蓝带高中，也就是说学术水平较高。开学后不久，开网络家长会时，女儿的老师对她的评价很高。老师说她是国际学生中最亮眼的一位，是中国留学生的代表，老师已经没法给她的家长什么建议了，因为她太出色了：没见她出现过一个负面的想法；连老师做不到的事情，她都做到了。老师还建议女儿出一本书，把自己的生活记录下来……

女儿的英文老师比奇夫人这样评价她：“珍妮叫自己‘Love’（将吕的拼音改为单词‘Love’），表面上是为了美国人发音更容易，我不知道她是否了解这正是她真实的写照。爱要忍耐，珍妮便忍耐了，面对失望和拒绝，依然坚持初心。爱给予人希望和信心，珍妮用她乐观的精神迎接所有的挑战。”

女儿在美国的寄宿家庭妈妈沙曼斯基夫人这样说：“如果人们都有

她这样的性格，那我们的世界该有多美好！我从来没见过一个像她这样积极乐观的人——她总是看到事情好的一面而不是坏的那一面。”

米歇尔，一位有着近30年教龄的美国老师说:“她是我见过的最积极、阳光的青少年！”

女儿在美国读了四年高中，在三个美国家庭寄宿过：第一个是越南裔的美国家庭，第二个是地道的美国家庭，第三个是加拿大裔的美国家庭。加上她，一共四种文化。在这四年里，她没有和寄宿家庭发生过任何争执和矛盾，不是她委曲求全，而是她把事情处理得特别好，会沟通、懂尊重的结果。

2014年暑假，女儿一边在北京学英语，一边挤出时间，只用了40多天就完成了第一本书的初稿，送到了出版社编辑部。编辑约我见个面，说这个孩子不一般，想了解一下她的父母是如何培养她的。经过聊天，编辑建议我一定要写一下培养孩子的经验。经过一周的思考写作，我完成了一本书稿的全部内容。

2015年5月，这本书稿以《阳光女孩　阳光教育》命名正式出版发行，反响热烈。

这本书最小的读者只有四五岁。妈妈给孩子读，孩子很喜欢听。孩子从书中学到了作者姐姐很多积极向上的想法与行动。

这本书最大的读者有70多岁，读完后，亲自来找作者，觉得书写得太好了。

到目前为止，这本书的读者涵盖了幼儿、青少年和成年人，很多人都不止读一遍。

一位大学老师说："我看到这本书，感到我的孩子有希望了。"

一位广东读者分享："这本书救了我上初中的孩子。"

一位高中生说："这本书我看了好几遍了，抄录了很多内容，有的我都能背下来了。"

一位妈妈说："我孩子上三年级了，把这本书当成宝贝，带到学校看，回到家里也看，一个星期看了三遍。"

一位70多岁的老人说："我在看第二遍，感到浑身充满了力量。"

一位妈妈说："这本书给我无限的力量，我放在床边每天都看。"

一位幼儿园园长订购了十几本，给每个班级的老师配一本。

有位妈妈亲口对我说："吕老师，我一边看一边对比，每遇到一个问题，我先试着想自己要如何做，再对比吕卓颖的做法。每次，我们的做法都不一样，而卓颖的做法更胜一筹，怪不得人们喜欢卓颖。最后我再看你写的部分，就明白了是你培养的结果。"

我们根本想不到，这本书会受到读者这样的好评。一方面是女儿的生活、学习经验让读者有很大的收获，另一方面是我自己的教子心态、理念、方法让读者有很多的感悟。这本书我写的部分，里面的教育智慧，大约只占我平常运用的教育智慧的五分之一，仅这部分的教育智慧就让读者有很大的收获，所以，当时我就萌发了要出第二本书的想法，以把自己的教育智慧全部奉献给读者。

女儿读完高中申请大学，被美国的名校——富兰克林·马歇尔学院全奖录取，这件事在山谷基督中学都让人们感到震撼。

女儿的大学申请指导老师听到这个消息时说："天啊！你被这所大

学录取了，这在我们学校是绝无仅有的，是史无前例的啊！一个国际学生能以这么高的奖学金被录取，太令人振奋了，祝贺你，珍妮！”

有的老师甚至激动得流着泪拥抱女儿、祝福女儿。

被美国名校全奖录取的消息传回国内后，那一年，女儿多次受邀在北京一些教育机构给几百位学生、家长演讲，介绍自己在美国如何生活、学习，如何申请大学。听众受益匪浅，纷纷感叹她的优秀，赞赏她的独立、阳光和自信。

大学一年级的暑假，女儿在拿到驾照的第三天，就在美国进行了40多天的自驾游。回到国内后，又花了40多天写完了她的第二本书，揭秘美国名校为什么全奖录取她，同时记录了她在美国40多天自驾游的奇妙经历。

大学三年级，她又被英国誉满全球的伦敦大学学院录取。

孩子的今天，是学校教育和家庭教育共同培养的结果。在这里我想说的是，学校教育主要教给了孩子知识和技能，家庭教育主要培养了孩子的习惯、素质、修养、性格、品格、思维方式还有心态，让孩子有清晰的自我认知，自信、积极、阳光。总的来说，学校教育培养了孩子的智力因素，家庭教育培养了孩子的非智力因素。

女儿成长到现在这个样子，如果让我来划分一下学校教育和家庭教育所起作用的比重，我觉得学校教育占了20%，而家庭教育占了80%。

家长们看完《阳光女孩　阳光教育》之后，感叹道：“吕老师，您的这本书，我一直放在床头，每天晚上看。孩子学习，我就看这本书。这改变了我看手机的习惯。”“吕老师，您的讲座太有感染力了，我每次听都听不够，现在看这本书，我在吸收您的正能量。您能不能再写一本书，汇集您所有的教育理念？这样我就可以好好地学习怎么教育孩子，把我的孩子也培养得像您女儿一样优秀。”“我一直听您的讲座，把您的每次讲座都刻成光盘保存着，不过我家离得远，或者有事被其他事情耽搁，不能每次都来现场听，我就有个愿望，您再出一本书，这样我在家也能完整地学习了。”

经常有家长就教育孩子时遇到的困惑向我咨询，当我给他们解答完后，他们激动得握着我的手说：“吕老师，您帮我解决了多年来的困惑，我该怎么感谢您呢？您还是出本书吧，这样的话，我们有问题就看书，也节省您的时间，我还方便了。”

感受到了这些家长的期待，我决定写这本书。我写这本书的目的，就是把自己30多年的教育理念全部传播出去，让更多的家庭和孩子受益。

我以前有个好的习惯，把女儿成长中遇到的所有问题以及我自己的处理方法记录下来，从女儿六七岁时开始，一直记录到她初中毕业。我发现这个记录比较详细、专业、系统，涉及人生的方方面面，包罗生活万象。女儿接受过这些教育，已经能在任何情况下都生活得很好：轻松发挥出自己的生命潜能，总能保持平和、喜悦的心态，感到自己对社会有巨大价值，能让自己的心愿实现！

一个孩子的健康成长，从根本上离不开父母，父母要懂孩子，懂生命成长的规律，懂孩子心理，会沟通，等等。反过来，为人父母者不学习，没有掌握生命成长的规律，不懂孩子，不懂孩子心理，孩子想健康成长，几乎不可能。

这本书的内容，比较完整地呈现了我的教育智慧。我呼吁父母们行动起来，为孩子的未来做准备。

吕红兵

2018 年 7 月

推荐序

与吕红兵夫妇第一次会面时的画面犹今在目。在从事家庭教育多年里，我见过不少的家庭教育工作者，而吕红兵夫妇第一次如此强烈地冲击着我的内心。会面结束后，我静思良久，心中充满着感动、欣慰、敬佩。他们成为家庭教育人是注定的，因为他们在灵魂深处都藏着爱，这不仅是靠简单学习能有的。

家风，父母有形的行为无形地影响孩子！

一个人身上的气质不仅代表着自己，更是代表着一个家庭甚至是一个家族。这点在吕红兵夫妇和他们的女儿吕卓颖的身上得到很好的印证。当我们的注意力在下一代身上的时候，我们可以尝试把注意力调整一下，看看关注上一代会是怎么样的、会有怎样的发现。我记得上次会面时，吕红兵送给我他女儿卓颖写的书，我为他拥有这么优秀的女儿而感到高兴，而这次我看到了吕红兵写的书，太好了，这就是答案。

书中写的一定是具有实用性的，这符合吕红兵夫妇的风格特点，更是优点。

此书是吕红兵这么多年来的教育心得、教育学习、教育实践、教育反思的最好总结。每个人就像一本书，而一个用心之人写的书会带来生命的感动，这是一种共鸣力，共鸣力背后是连接力，如果加上慈爱，那么这个人的连接力就会带着对别人的滋养和爱。

一个人能温暖自己照亮别人，一定带有他对生命的清晰理解。

这本书不仅是一本家庭教育类书籍，其中更包含了对人生的探索和理解。卓颖对自我、关系、人生的理解使她成为一个具有独立人格且富有思想的女孩，加上她读过的书、走过的路组成了她的气质，这比单纯的能力重要得多得多。

能力可以训练而来，气质却要修炼才来！

能力可以帮助生存，气质决定精神长存！

作为父母的我们，看书不仅是爱好，而是爱。

大多数的父母都是因为有了孩子才开始看家庭教育类书籍的，这就是爱。爱让我们关注信心、价值与生命，恐惧让我们关注生存、得失与生死。父母对孩子的关注点背后带有父母本人的渴求与对生命的理解，只有了解自己和有能力治疗自己的父母才更有能力去帮助孩子，而前提是先学习后实践再学习再实践，不怕犯错，孩子才有信心去尝试。而这些也是吕红兵夫妇的实践写照。

林青贤

2018 年 8 月 23 日

家庭教育对孩子的影响

父母总希望给孩子最好的东西，然而最好的东西是什么呢？本书回答了这个问题，那就是良好的教育和优秀的品格。

当前，为使孩子得到良好的教育，很多当父母的很累，很辛苦，费尽心血，还很无奈。吕老师有着多年的教学经验和亲身教育自己女儿的感悟，他从教育的最高境界到教育的最小事例，辩证地、恰如其分地阐明了教育的核心、教育的任务、教育的理念、教育的目的、教育的方法以及父母教育孩子应具有的基本功。这些方面，正是父母在教育孩子的实践中急需找到的答案。

一个人的成长，就是心灵的成长。一个人的优秀品格，就是心灵美。心灵美是真正的美。心灵教育，就是教育的核心。教育的目的就是向人传送心灵的气息，唤起自身美好的心灵。因此教育之“育”，就是育人的心灵。

本书自始至终围绕着心灵教育，解答父母们在教育孩子的过程中碰到的诸多难题和误区。比如，对孩子的教育是看重教育的结果，还是看重教育的过程；看过程进步与否，是看孩子的考试成绩，还是看孩子的观念转变；在孩子碰到困难时，是培养孩子的独立能力，还是包办代替；在孩子受到委屈时，是让孩子礼貌处事，还是以牙还牙；当孩子有了缺点时，是责问训斥，还是启发引导；在孩子没有完成作业时，是用物质刺激，还是启发孩子的责任心；当孩子玩游戏，不听话，或者与同学发生矛盾时该怎么办。这些问题，作者在本书中均以爱的真诚，善的理念，深入浅出的道理，纯朴细腻的手法，告诉父母们，怎样做不对，怎样做对，怎样做效果好，怎样做效果差。同时告诉父母们，不管孩子处于哪种情况，一定要坚信自己的孩子是好样的、优秀的，一定会进步。

教育孩子的事，是父母的大事，是一个家庭的大事，也是国家和民族的大事。面对大事，每个教育工作者和每一个孩子的父母，必须充分认识到，自己是教育者同时也是被教育者。教育者必须先受教育。随着社会形势的变化，人的思想也在变，所以教育者必须适应变化，提高自己，使自身具有强大的正能量，才能担负起教育的责任。

如果细读本书，就能够发现很多激励人心、指点引路的闪光点，一定会从教育的角度提高认识。比如，教育孩子要树立奋斗目标。怎样认识目标？目标既可以是伟大的，也可以是平凡的；既可以是辉煌的，也可以是朴素的。只要你愿意、有兴趣，就可以拥有。再如，教育孩子从小要有责任感。怎样认识责任？责任就是一种担当和付出，就是一个人生存、生活、学习、工作的方向。要做到尽职尽责，就不能怕苦怕累，不能随意放弃。设想一下没有责任心的人会是什么样？再比如，教育孩子要有善念，多想他人的优点和好处。多想他人的优点，就是一种修持，一种善良。多想他人的好处，怨气就没有存身之地，嫉妒就不会发酵，就会感恩，报恩，尊重别人，积存善良，抹去心灵上的污渍和创伤，轻松愉快地学习、成长。又比如，教育孩子要懂礼貌。礼貌是一个人内在境界的外在呈现，不懂礼貌的人，世界将为他关上一扇门，即使他才华出众，他的人生也不会及格。因此，礼节礼仪就成为人生重要的通行证。

如此说来，教育这个大课堂、大课题，需要我们共同努力，在实践中深入学习，不断研究总结更多、更好的教育方法和理念。

如今，吕老师本着为教育事业做点贡献的想法，借由本书将自己的教育方法和理念呈献给大家，这是特别值得期待的。

高照全

（本序作者系吕红兵的岳父）

他们有话说

爸爸与我交心，也很懂我，是我的好朋友。小时候当我遇到任何想不通的事情，只要和爸爸沟通交流过，悬浮在空中的百般思绪便会像盒子里或苦或甜的巧克力，安稳地躺在它们应在的小凹槽里。他的语言有神奇的力量，可以让我平静，让我带着笑容继续前进。

以德为核心是他的教育理念，而如今的我是他教育理念下最大的受益者。

他无私，从小到大我看着他帮助过太多人。在饭桌上发送一段段语音回复家长问题，节假日为家长开办免费讲座，为了让更多人受益而往返于各个城市之间。他的行动潜移默化地影响着我去帮助别人实现自己的价值，如今的我也逐渐有了他的模样。

读着爸爸的新书《吕爸爸的教育智慧》，就像在破解我是怎么样成为如今的我，那一句句爸爸和我说过的话，那一次次爸爸与我的互动都暗藏哲理，蕴含着深刻的教育智慧。

拥有这样的爸爸，我是幸运的，是幸福的。我想，能够读到这本书的人，也同样是幸运的，是幸福的。

——吕卓颖（吕红兵的女儿）

这本书是一本家庭教育的宝典，适合每一个做父母以及未来做父母的人！

——周芮辰（吕红兵的学生，20岁创业成功）

能阅读到此书的人，就是幸运的人，孩子有福，家族有幸。

当前的父母、爷爷奶奶、外公外婆都很爱孩子，都是本能的爱，很多时候不会引导孩子心中充满爱、轻松、快乐地生活。

有了这本书，在教导孩子方面就有了方向，遇到困难就能找到答案，因不知怎么引导孩子而焦虑时，就能找到方法。

实际上，每个孩子身体里都沉睡着无穷的力量。父母的一举一动、一字一句都在引导着这份力量，帮助孩子牵引这份力量，掌控这份力量，成就孩子的未来。

我和儿子都是幸运者、受益者。我用了书中介绍的方法教导儿子，所以儿子成长为一个阳光、自信、乐观、奋进的人，23岁就拿到了国家人力资源和社会保障部颁发的“高级企业教练师”证书。这个不重要，重要的是他每天都快乐地工作，快乐地生活着。

——肖越峰（周芮辰的妈妈）

很高兴看到吕老师的又一部作品出版。作为吕老师教育智慧的受益者，推荐大家能够很好地吸收其中的智慧。父母好好学习，孩子天天向上。因为有了吕老师这样优秀的父亲和老师，才有了那样优秀的吕卓颖，才有了一批又一批的优秀孩子从廊坊小城走向世界各地。他抓住了教育的根本与精髓，按下了开启孩子美好人生与天赋才华的确认键，且重在践行，成果丰硕。感谢吕老师将这样好的教育带给我们，也祝福越来越多的父母与孩子持续走在共同快乐成长的道路上！

——刘辉（“微距”国际青年论坛联合创始人傅禹铭的妈妈）

作为父母如果期望孩子未来可以非常卓越，那就要增加一些正确教育的方法和经验，因为太多的案例告诉我们，错误的家庭教育可能影响孩子一生。吕红兵不仅是我非常尊敬的一位老师，更是一位具有智慧和教育方法的父亲，建议所有父母都阅读三遍这本书，对孩子和我们都是一份礼物。

——蔡瀚霆（“爱自然生命力”体系河北中心负责人）

与吕红兵在两年前因为《阳光女孩　阳光教育》这本书而相识。

当知晓《吕爸爸的教育智慧》要出版发行时，我充满了期待。

吕红兵是家庭教育的智者，将引领父母带着爱从不同的角度、深度、高度来消融家庭和孩子的各种状况。

《吕爸爸的教育智慧》是家长们的必读之书。

——冀丽珺（“爱自然生命力”体系总经理助理）

目录

第一章

父母百科园

第一节

核心是培养孩子心灵

教育心智、教授知识、教会技能而不教育心灵就是没有进行教育。

为人父母者都重视对孩子的教育和培养，对此，我们首先要明白这几个问题：在教育和培养孩子时，我们应该最重视什么？我们教育的结果是什么？我们培养的方向是什么？大家的答案可能各有不同。我经过二十多年的探索，不仅把自己的女儿培养得阳光灿烂，被美国名校全奖录取，而且用相同的理念，培养出大批快乐、自信、积极、友爱的高情商、高素质人才。认真总结后，我对这几个问题有一个共同的答案：把孩子培养成一个完整的、健全的人。这是什么意思呢？

一个人在人世间，有三种重要的关系：第一种是和自己的关系，第二种是和他人的关系，第三种是和物质世界的关系。一个人一生是否幸福、是否成功，取决于他能否处理好这三种关系。健全的人正好具备这样的能力。

健全的人是怎样的呢?

第一，他得有做事的本领，即技能、技术、专业、能力。对于学生来说，他得学会一定的知识，不过他的学科知识基本上不是直接用来做事的，是为以后做事打基础的。

第二，他得有做人的能力。会做人吗？按照道德做事吗？司马迁说，德才兼备是圣人，无才无德是庸人，德大于才是君子，才大于德是小人。这是标准。参照这个标准，我发现，当前社会很大程度上在培养才大于德的人，大家都是这样，也就习以为常了！自然而然地，我们也在洪流中把自己的孩子变成这个样子了。我也问过很多的父母是否重视孩子道德的培养，他们都回答“当然重视”。不过，我发现，他们大多没有做到或者很少做到。什么是做到？是当学习成绩和道德发生矛盾时，当财富和道德发生矛盾时，你取哪一个。你是以才为核心还是以道德为核心来培养孩子，这时就体现出来了。

第三，他得身心健康。身体的健康是很重要的，我们一定要保证身体的健康。心的健康是什么意思呢？心中全是正能量，“心”没有被恐惧和其他负面的能量包裹，能直接和宇宙连接上。这是培养一个人最重要的、核心的部分，如果一个人的心灵能和宇宙连接上，你会发现他容易按道德、道理做事，他的学习、做事的本领也会很强！更重要的是他的能量会很高，总是平和的、喜悦的，而不是混乱的、纠结的。

一个人的“心”是否健康，就看这个人的“心”在成长过程中是否得到过足够的心理营养。如果一个人在成长阶段得到了足够的心理营养，那么这个人的心理就是健康的，就会拥有一个幸福的人生。所以，父母、老师教育和培养孩子的方向、目标和结果，是把孩子培养成一个完整的、健全的人，一个社会最需要的人。

但是，教育者对这三者的重视程度，应该不一样，重视的顺序应该是：第一，身心健康；第二，做人；第三，做事。这三者的关系是这样的：

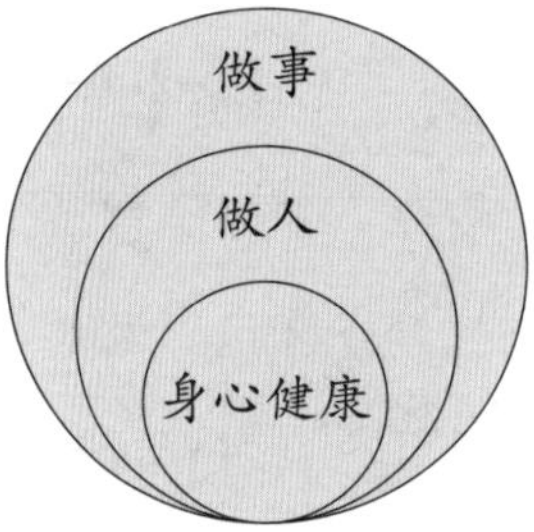

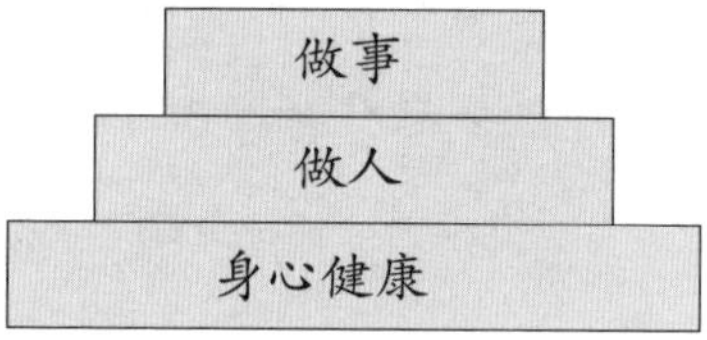

也就是说，身心健康是核心，身心健康也是基础。

其中，身体健康高于一切，没有一个强健的身体，一切无从谈起。这是每一个父母都重视的。我们要重视一个人的生理营养，生活有规律，按自然规律作息，加强体育锻炼。心灵的健康则是很多父母会忽视的，但心灵健康是身体健康的前提。一个人吃得再好，生活再有规律，再讲究体育锻炼，如果心灵不健康，身体也很难健康。

如果一个人的心灵是健康的，他又会为人处世，按照道德来做事，那么，他学习成绩一定好，做事的能力一定强；反之，如果一个人学习成绩差，做事的本领差，很大程度上是由于心灵不健康，在为人处世上也出了问题，没有按照道德去做事。当然，一个人做事的能力很强，并不代表他一定身心健康，他也不一定按照道德来做事。

培养一个人，需要社会、学校和家庭共同配合，三者缺一不可。目前，学校最重要的功能，就是教授学科知识。那么，一个人的为人处世和心灵的健康要依靠谁？经过研究，在当前，只能主要依靠家庭和父母。但是，当今的父母们，没多少人是教育孩子的专家。不过，孩子是自己的，天下父母都爱自己的孩子，他们愿意付出，愿意学习，愿意通过自身的改变来让孩子拥有一个美好的人生。这就是家庭的希望，也是我们国家、民族的希望。这就是我写这本书的原因——呼唤更多的父母重视家庭教育。

每一个人都有物质人和精神人两种特性，一个人的伟大、卓越、幸福显然是精神人起的作用。

物质人需要生理营养，为了让孩子长身体，我们给他营养。随着经济的发展，人们越来越富裕，也越来越讲究营养，这是正确的。同时，精神人也需要营养，精神人的营养是：无条件接纳、认可、赞美、信任、欣赏、佩服。你对一个人持续做以上的事，这个人的精神状态就好，精神人就伟大、卓越、幸福。这些做法的反面是，不接纳、否定、批评、怀疑、蔑视、鄙视。你对一个人持续做这些事，这个人的精神状态就差，精神人就渺小、痛苦。

你在哪方面做得多，就知道你的孩子是处于哪种状态了。我们的目标是这两方面都要优秀，物质人培养的方法容易、好学，我谈的重点是如何培养孩子，使其精神人伟大、卓越、幸福。

一、自尊心的培养

心灵教育的核心是自尊心的教育。

自尊是一个人健康成长的基石，就像一棵大树的根一样，孩子有了高自尊，就像树有一个发达的根系，就能健康、快乐地成长。

那么什么是自尊呢？自尊，就是要把自己当作有能力应对生活的挑战和应该获得幸福的人。我们对自己的信念决定着我们怎样和别人建立关系，别人的反馈又反过来影响着我们对自己的感受等。具体表现在：

第一，一个人接纳自己的全部，这个全部包括自己的方方面面，出身、性别、长相、身材、性格等。完全接纳自己，甚至以己为豪，我把这叫作人生第一幸福。这样的人和自己拥有美好的关系，自然能和别人拥有轻松的关系，完全接纳自己的人，生命自然就绽放了。

人们不是追求美好幸福的生活吗？完全接纳了自己、以己为豪了，幸福美好的生活就实现了。人们不是想活出真正的自己、想做最好的自己吗？这是实现这些想法的唯一方式。反过来，一个人只要不接纳自己的某一点，就属于不接纳自己，一个人如果不接纳自己，那也只能痛苦着，这是人生第一大苦难。很多人的人生很苦很难，就是由这一点导致的。

第二，对自己的评价是什么。我是优秀的，我是独特的，这是自尊心另一方面的表现。一个人的人生高度基本上是由他对自己的评价决定的。一个人说自己是好人，就只做好事；一个人说自己是坏人，就只做坏事，做好事都别扭。一个人承认自己优秀，一定能活出优秀的状态；一个人承认自己很差，就只能活出差的状态。一个人对自己的评价，和他小时候受的教育有关。小时候父母、老师是以什么态度对待他，就决定了他自己如何评价自己。你一直把他当作优秀的人、卓越的人对待，他自然认为自己是一个优秀的人、卓越的人；反之，你一直把他当作低劣的人、平庸的人对待，他基本上也就承认这个是事实。

可以总结为：内在拥有，外在成为。

培养一个人，如果完成了以上两点，这个人的生活状态就会是喜悦、绽放、高能量。培养一个人，如果教育的结果和以上两点完全相反，那就是最大的失败，这个人不仅自己会生活得艰难，而且会给别人、社会带来苦难，因为他自己就是苦难的源泉。

如果一个人这两方面养成了，这个人的生命质量就很高了。

我的女儿吕卓颖，她的眼睛小、眉毛淡、腿粗，别人认为不好的，她以此为豪。她被美国名校全奖录取，介绍自己的主文书的题目就是《一个没有眉毛的女孩的故事》，别人说她的腿粗，她说："我腿不粗能跑那么快吗？腿粗是我锻炼的结果。"

有位家长从几年前一直听我的讲座，她对自己孩子的方方面面都满意，别人也认为她很会教育孩子。只有一点，她的孩子当时是初中二年级，年级一共有1000人，她孩子的成绩只在第500名左右，她怎么也没有办法让孩子的成绩提高。得知我的女儿被美国名校全奖录取后，她就带着孩子来找我。我给她破解了。我问她的孩子："人在学习方面如果分为三档人——上档人，成绩特别好，中档人，成绩一般，下档人，成绩差，你把自己归成哪一类？”他说自己是中档人，这就是他总是考第500名左右的原因，他是先建立了一个信念——我是中档人，然后用这种态度去学习的，所以会取得这样的结果。

自尊是最应该优先重点培养的。家长如果想把孩子培养得优秀，可以通过学习，先提升自己，再教育孩子，也可以让孩子上一些情商教育、性格培养之类的专业课程，两者同时进行效果会更好！有一种情况家长一定要注意，别指望自己不提高，完全依赖别人帮你培养出一个身心健康、优秀的孩子，这几乎是不可能的。

怎样才能培养出一个接纳自己全部的人？假设你现在站在地球之外，看着地球上几十亿的人，你看哪个人有问题呢？看不出来，因为他们个个都是人。但宇宙不创造相同的人，所以，每个人的人生道路都不同。也就是说，用宇宙的眼光看，每个人都没有问题，用后天形成的观念看，用潮流的观点看，很多人就有问题了，可能就有很多人不接纳自己了。我要说的是，你的观念其实不是真理，所以，为什么要用你的观点、潮流来看自己，不接纳自己，让自己难受、痛苦，而不用宇宙的观点看，用真理去看呢？这样人人都没有问题，人人心情都平和喜悦。请记住，一杯海水并不比另一杯海水强，用宇宙的观点看，地球上的几十亿人都是人，都没有问题，他们只是不同。

这样的话人人都接纳了自己，生命的质量就高。

如何培养一个永远的、坚定的“优秀的人”？这里所说的“优秀”体现在道德水平、素养、心态等方面的卓越、出色。

下面我就谈一谈这方面的培养。

第一，你在表扬孩子时，核心是表扬成绩和名次，还是学习、做事的态度和品质呢？表扬什么就是在培养什么。我的观点是，我们更应当表扬孩子学习、做事的态度和品质，其次才是表扬成绩和名次。把态度和品质当作核心去表扬，学习、做事的态度和品质好了，结果自然就是好的。如果核心是表扬成绩和名次，忽视了态度和品质，那就难以培养出端正的、优质的学习态度。

第二，你在陪伴孩子学习时，关注的重点是他聪明，还是他用心呢？做一件事情主要依靠的是用心，而不是聪明。当然，我们也要确认孩子聪明，但确认孩子聪明的时候，更要说明用心比聪明更重要，让孩子永远做到用心，而不是我聪明就可以不用心做事和学习。但我在实际的工作中发现，相当多的父母在陪伴孩子学习时，在确认孩子笨，有直接说的，有暗示的。总之，他在陪伴孩子学习时，用自己成年人的标准要求孩子，总是确认孩子笨。我想说的是，在什么事上确认孩子笨，孩子就不愿意干什么事。谁愿意干一件总能证明自己笨的事呢？

第三，我们在奖励孩子时，主要是物质奖励，还是精神奖励呢？我认为应以精神奖励为主，以物质奖励为辅。这是有利于孩子身心发展的奖励方式。如果以物质奖励为主，会让孩子不明白学习的目的，也不利于亲子关系的建立。

我曾经问过一个小学二年级的学生："如果你做了一件好事，就可以得到两种奖励中的一种，一种是奖励你吃一次你喜欢吃的麦当劳，另一种是在全班同学面前表扬你是一个优秀的孩子，你要哪一个？”他肯定地回答：“当然要第二种奖励。”

在物质生活已经丰足的今天，精神上的奖励是孩子最缺少的，也是孩子最需要的；但即使是在贫穷的时候，精神上的奖励也不应该少。

请大家记住，表扬一个孩子是优秀的人，是对他最高的奖励！

要培养出一个永远的、坚定的优秀孩子的心法是，父母的心态永远不能变，在任何情况下，都把孩子当作优秀孩子对待。在孩子表现好的时候，这个容易做到，重要的是在孩子表现不好的时候，你更得把他当作优秀孩子对待。比如起床晚了，上学迟到了，回家晚了，被老师叫家长了，说谎了，考试没考好，拿别人钱了……在这些情况下，只有你把他当作优秀孩子对待，他才愿意改变自己。如果你把他当作坏孩子对待，他就把精力用在和你对抗上，也就不改变自己了。当然，作为家长你也要意识到，孩子的一些错误不是故意的，是过失，重点应放在改正上，改正了就是好孩子。还有一种情况，孩子的有些错误是和家长的教育理念有联系的，也就是说他之所以那样做，有一部分原因是在家长身上，家长营造了一个那样的成长环境，孩子一定会成为那个样子。所以，家长要珍惜从孩子身上发现自己不足的机会，和孩子一起成长。

老子说：“知人者智，自知者明；胜人者有力，自胜者强。”能够了解他人的人是有智慧的，能够了解自己的人是高明的；能够战胜他人的人是有力量的，能够战胜自我的人是真正的强者。教育孩子的过程，是一个自知和战胜自我的过程。

有一个读小学四年级的男孩，一次到了周日晚上，作业还没有完成。爸爸批评孩子，孩子不服气，也不认错，双方僵持了很长时间，妈妈打来电话向我咨询。为什么父子一直对抗呢？就是因为爸爸一直把孩子当坏孩子对待，孩子当然不服气自己是坏孩子。如果爸爸在心中把孩子当作优秀孩子对待，理解孩子，了解一下还没有写完的原因，相信孩子一定会抓紧时间把作业写完，我相信结果一定会比较好。

我记得自己2004年刚开始在廊坊、北京给父母们讲“如何赏识自己的孩子”的时候，曾多次讲到这么一个案例：在一次考试中，有个老师教的学科成绩不理想，为了提高成绩，他就把全班倒数十名的学生和家长叫到学校。他一一训这些学生，说这些孩子如何不学习、如何不听讲、如何不努力、如何不好好写作业，等等，说他们给班级丢了脸，对不起老师们付出的心血。最后他说：“今天我看你们这些家长该怎么办。”这些家长听老师说自己的孩子这么不好好学习，还给班级丢了脸，早都气坏了，又听见老师最后那句话，如果不管一管自己的孩子，那不就是一个不负责任的家长吗？所以纷纷上前打骂自己的孩子。

可是，在这种情况下，就有一个家长不仅不打骂自己的孩子，反而走到孩子面前，用最慈爱的眼光看着孩子说：“孩子，妈妈相信你是一个好孩子，妈妈相信你会用心学习，把成绩提高的……”

大家都不理解，纷纷指责这个妈妈对孩子不负责任，不配合老师管教孩子。

这个妈妈坚定地说：“想让我打自己的孩子，认为他是个坏孩子，我做不到。他不就是成绩差一些吗？但我相信他是一个好孩子，成绩一定能上去的。”

几年以后，这个孩子还真的为妈妈争了光，考上了一个大学，学的导演专业。其他孩子在父母的打骂下，越来越没有信心，更加坚定地认为自己是个没有出息的“坏孩子”，更加放弃了自己。

这些孩子的人生为什么会变得不同？核心原因是你把他当作什么样的人对待。你把他当作优秀的孩子，他就会越来越好。

我接触过一些父母，他们总把孩子当作“坏孩子”对待，把孩子往坏处想。孩子只要做一件事，他们就认为孩子要做坏事了，处处防着孩子，经常冤枉孩子，于是，“坏孩子”就这么被“培养”出来了。

还有的老师、父母总把孩子当成差等生或没有本事、没有能力的人对待，总是担心、控制孩子。这些动作传递给孩子的能量就是：我是一个差等生，是一个没有本事、没有能力的人。

在女儿遇到挑战时，我总认为她是一个有本事、有能力的人，善良的、有福气的人，这个信念对孩子的帮助很大。

举例一，女儿在小学三年级的时候，有时遇到一些事情要独立面对，她就咨询我该如何做。我就对她说：“吕卓颖，你已经长大了，又这么优秀，你有想法应该立即行动，问我已经迟了。”她问：“爸爸，做错了怎么办？”我就笑着对她说：“你是有才华、有能力的人，错了你会自动调整的。”

举例二，她做事时，我总说：“吕卓颖，爸爸对你可放心了，你知道为什么吗？”我自问自答道：“因为你是一个有能力的人，更因为你是一个善良的人。”

举例三，她在美国刚开始学化学时，由于专业名词听不懂，学了两个月以后，她觉得自己对化学有困惑，就问我怎么办。我就给她讲她初中时如何不用补课，在遇到挑战时，把各门学科都学得很好，“现在也是一样，你不需要老师讲，就自学，遇到不懂的单词，就查字典，你一定能把化学学好！”她就按照我说的去做。也就一个多月后，她高兴地对我说：“爸爸，我发现我是化学天才，我通过自学全学会了。”她还高兴地对同学们说：“你们谁不会化学题就问我。”

卓越、优秀的孩子就是这样培养的。

二、自信心的培养

什么是自信心？自信心是一个人做事之前坚信自己能行的状态，信赖自己具备所需的能力。坚信“我能行”，这是一个人做事之前必须有的状态，如果没有这种状态，就会呈现另一种状态，即“我不行”。既然认为自己不行，也就不用尝试了，更不会有行动，硬被逼着去做，结果一定很糟，会更加认为自己做不好这件事，甚至会更加降低对自己的评价。所以教育孩子一定要优先重视自信心的培养，宁可伤其他方面，也不伤孩子的自信心，宁可其他的事情没有做好，也要呵护好孩子的自信心。

如果家长一直把自信心作为核心来培养，会是一个什么样的状态呢？有一个叫付禹明的男生，正在上高中。在他小的时候，妈妈就把他送来上我校的“小学生性格培养”课程，妈妈也配合学校，用相同的理念教育孩子，结果孩子变得特别自信。有一件事情一下就让妈妈知道自己的孩子真优秀：有一次，一个国家级电视台到孩子所在的学校找有才艺的学生参加电视台的比赛，很多有才艺的同学一听是去国家级电视台，有点犹豫，不敢报名，他却立即报名参加。回到家给妈妈说了这件事，商量学个什么才艺呢！最后定下来学架子鼓。几个月以后参加比赛，表演得非常好！其他不自信的孩子即使报名参加比赛了，比赛时会放松吗？会发挥出正常水平吗？难啊！

那么自信心怎么培养呢？我提四种做法，大家可以借鉴一下：

第一，让孩子多做事，多增加本领，多学习技能。本领越多越自信，越能干越自信。首先，让孩子自己的事自己做，如自己洗衣服、自己整理书包。这还不够，还得让他帮父母做事，如给父母端水、扫地、洗碗等。除了做这些大家都能做的事，更要让他去做别人做不到的事。

我的女儿一年级时就开始自己叠被子，三年级时就开始自己独立洗澡，自己挣钱买校服、鞋等。我告诉她这样做会让她自己受益，提高能力，她已经干了别人不会干的事。我也让她到同学中去调查，她发现这些没有几个人做，通过对比她发现自己真的很厉害。这极大地增加了她的自信心。

第二，多认可、多表扬、多赞美孩子。其实不管孩子做什么，学什么，他那么小的年龄，结果不一定是最好的，尤其在成年人眼中，可能结果还是差的。但是，他是孩子，做事的结果不是最重要的，在做事当中提高能力，增加自信，而能力、自信会为他以后的人生奠定一个坚实的基础，这才是最为重要的。

第三，鼓励孩子担任班干部。我的女儿上学后，学习成绩很好，在班级里担任多种职务，老师经常让她干这干那的，老师的认可也使她更自信了。

第四，让孩子多阅读，增加课外知识，因为懂得多也特别有利于提高孩子的自信心。

培养自信心的方法很多，只有你真正明白了自信心是要优先培养的，才能培养出一个有自信的孩子。

如果你以自尊心、自信心为优先来培养孩子，孩子自尊、自信了，状态就会不一样，这样的孩子自然会得到别人的喜欢、赞美，就会进入良性循环状态，做事充满热情，勇于尝试新事物，越做越发现自己能行，孩子就走上了阳光大道。

三、上进心的培养

上进心，就是一个人追求进步。一个人具有上进心是非常重要的。

什么样的人具有上进心呢？

具有自尊心的人，对自己评价高的人，都有上进心，因为他对自己的评价高，所以他想把外在的事情做好。如果外在的事情没有做好，他会想尽一切办法，尽一切努力做好，因为这样才配得上“我是一个优秀的人”这样的信念，因为人有什么样的信念，就会有什么样的行动，以使结果一定配得上自己的信念。

这就是让一个人具有上进心的秘密。

为什么有的人没有上进心？

原因也很简单，他对自己的评价低，他认为自己是个没有本事的人、平庸的人、差劲的人，他已经自暴自弃，自动放弃了。

四、责任心的培养

什么是责任心？责任心是一个人对自己和他人、对家庭和集体、对国家和社会所负责任的认识、情感和信念，以及与之相应的遵守规范、承担责任和履行义务的自觉态度。它是一个人应该具备的基本素养，是健全人格的基础，是家庭和睦、社会安定的保障。

责任心是一个人成熟的标志。如果一个人在10岁时有了责任心，在精神层面，他就是成熟了；如果一个人60岁了还没有责任心，在精神层面，他就还是幼稚的。

既然责任心这么重要，我们就一定要把孩子的责任心培养起来。先不说如何让孩子对他人、对家庭、对国家、对社会负责任，首先要让孩子学会对自己负责任，这是孩子对他人、对家庭、对国家、对社会负责任的基础。如果一个人对自己都不负责任的话，他是没有办法对他人、对家庭、对国家、对社会负责任的。

可是，现状是，很多父母的教育方式使得孩子对自己不负责任，典型的做法有以下四种：

第一种，让孩子只学习，其他的都不用管，都由家长包办。不用管就是不用负责任，这种教养方式就等于在培养孩子对自己的人生不负责任。只对学习成绩负责任，其他能力没有，这样的人能有一个幸福、阳光的人生吗？

第二种，不允许孩子犯错误。孩子犯错了或者是家长对孩子学习、做事的结果不满意就批评打击孩子，不考虑孩子的能力，不考虑孩子的出发点、行动、付出，只看结果，导致孩子受委屈、被冤枉，所以孩子以后就不负责任。

第三种，孩子没有做好，犯了错误，承认了，说了实话，家长不认可他诚实的优点，只批评他犯的错误，这就导致孩子以后不承担责任了。有的孩子当着父母的面不愿意尝试新的事物，为什么呢？就是因为父母经常盯着孩子犯错的地方。

第四种，孩子犯了错误，家长不让孩子承担，认为孩子还小，自己替孩子承担。比如，孩子的东西落在了某个地方，家长不让孩子自己去拿，而是自己代替孩子去拿，理由是孩子还小或者孩子还有作业要写等，这样的做法是在培养孩子不负责任的品质。正确的做法是，每个人承担自己该承担的那一份责任。

责任心是如何培养出来的？

下面我举几个例子来说明一下。

吕卓颖上学后不久，就已经适应了学校的生活和学习，有一天我给她买了一个闹钟，教会她如何使用后告诉她："女儿，你已经长大了，以后早上上学的事，你就自己负责了。"从此以后，早晨我们真的没有叫过她几回，都是她自己听着闹铃起床的。

吕卓颖初中的时候，有一天早晨上学，我提醒她有一件东西特别重要，上学应当带着，老师要用。她应了声“知道了”就上学去了。结果我上班没多久，就接到她的电话，让我给她送那个东西，我耐心地说：“爸爸已经尽了自己的责任，提醒过你了，而且，我正在上班，也没有时间给你送。不过，女儿你有办法，你一定能把这件事情处理好。”然后就挂了电话。

晚上她放学回到家，我就问她：“女儿，那件事情怎么解决的？”她说自己先跟老师请了假，然后坐出租车回家拿的，打车钱是跟住在同一个小区的姥姥要的。

事后我问女儿：“通过这件事你有什么收获？”她说：“爸爸，通过这件事我对自己的事更操心了！”这不就是我们要培养的责任心吗？我们不就是想让孩子成为这样的人吗？

我问还有没有同学没有带这个东西，她说大部分都没有带；我又问其他同学是怎么解决这个问题的，她告诉我都是让父母送来的，很多父母是很不高兴地送来的。

我的做法是以培养责任心为核心，其他家长则是以别耽误学习为核心，所以培养出来的人不一样。我的教育的结果是，女儿既有责任心，学习也好；其他家长教育的结果是，孩子没有责任心，学习成绩也许好，也许不好。即使学习成绩好，责任心方面也一定有欠缺。而责任心对一个人起的作用一定比学习成绩更大。

团队中最不欢迎不负责任的人，一个人对自己说的、做的不负责任，他怎么能取得别人对他的信任呢？就是夫妻两人，如果一方不负责任，那也会让对方无法接受。如果一个男人在结婚之前说，我不对自己负责任，也不对你和家庭负责任，那么没有女孩子会嫁给他。女人都愿意嫁一个负责任的男人。所以我们一定要把孩子的责任心优先于学习、技能等培养起来。甚至可以这样说，你愿意为多少人承担责任，就能获得多少人的跟随，就能获得多少人的信任。

我们家每个人的责任是，我当爸爸中的好爸爸，妈妈当妈妈中的好妈妈，女儿当孩子中的好孩子、学生中的好学生。这是我们家每个人的责任，每个人为自己的责任而学习、改变、成长！

以上“四心”的培养，是精神人伟大、卓越、幸福最核心的四方面，这四方面贯穿一生，和学习、做事、生活是紧密联系在一起的，是不能分割的。

第二节

满足孩子的精神需求

人有一些共性的需求。美国的心理学家马斯洛有一个著名的需求层次理论，他把人的需求分为以下五个层次。

第一层次，生理上的需求，包括：呼吸、水、食物、睡眠、生理平衡、分泌、性。

如果这些需求（除性以外）任何一项得不到满足，个体的生理机能就无法正常运转。换而言之，人的生命就会因此受到威胁。

第二层次，安全上的需求，包括：人身安全、健康保障、资源所有性、财产所有性、道德保障、工作职位保障、家庭安全。

人的整个有机体是一个追求安全的机制，人的感受器官、智能和其他能量主要是寻求安全的工具，甚至可以把科学和人生观都看成是满足安全需求的一部分。

第三层次，感情上的需求，包括：友情、爱情、性亲密。

人人都希望得到关心和照顾。感情上的需求比生理上的需求更为细致，它和一个人的生理特性、经历、教育、宗教信仰都有关系。

第四层次，尊重的需求，包括：自我尊重、信心、成就、对他人尊重、被他人尊重。

每个人都希望自己有稳定的社会地位，个人的能力和成就得到社会的承认。尊重的需求又可分为内部尊重和外部尊重。内部尊重是指一个人希望在各种不同情境中有实力、能胜任、充满信心、能独立自主。外部尊重是指一个人希望有地位、有威信，受到别人的尊重、信赖和高度评价。一个人尊重的需求得到满足，能使人对自己充满信心，对社会满腔热情，体验到自己活着的价值。

第五层次，自我实现的需求。自我实现的需求是最高层次的需求，是指实现个人理想、抱负，发挥个人的能力到最大限度。

达到自我实现境界的人，接纳自己也接纳他人，解决问题能力增强，自觉性提高，善于独立处事，要求不受打扰地独处，完成与自己的能力相称的一切事情。也就是说，人必须干称职的工作，这样才会使他们感到最大的快乐。

五种需求可以分为两级，其中生理上的需求、安全上的需求和感情上的需求都属于低层次需求，而尊重的需求和自我实现的需求是高层次需求。这些需求，是一种感觉，而这些感觉就是精神上的需求，任何一种需求都不会因为更高层次需求的满足而消失。各层次的需求相互依赖和重叠，高层次的需求满足后，低层次的需求仍然存在，只是对行为影响的程度大大减小。

那么这种理论在家庭中如何应用呢？我的看法是，在一个家庭里，不要只满足成员的低层次需求，更要满足成员的尊重和自我实现的高层次需求，尤其要满足孩子的高层次需求。因为孩子还小，在他的成长过程中，如果这些高层次需求在家庭里得到了满足，就会成为积攒在孩子心中的正能量，而真正对孩子今后的人生起关键作用的正是这些正能量。

那么在家庭中如何做到满足孩子的高层次需求呢？做法当然很多，我总结了六种简单容易的方式，也是我自己常用的。做到这几点，就能满足孩子的高层次需求。

一、对孩子说“我爱你”

要经常对孩子和家庭成员说“我爱你”“我喜欢你”。这很简单，但作用很大，会让对方感到高兴，获得很强的正能量。

我从小在农村长大，这样的话从小没听家庭成员说过，也不会说，但有了孩子，通过学习知道这些语言的重要性，所以就说了，真的对孩子非常好。就是到现在，女儿已经20多岁了，她的妈妈只要和她在一起，每天都会对她说。

二、当着孩子说感恩的话

你当着家庭成员的面，说过感恩的话吗？经常说吗？感恩是情感关系的核心，也就是说，感恩能使情感关系美好。

我会当着女儿的面，说感恩太太的话，说："我人生做了一件特别对的事，就是娶对了人，这个人给我生了一个特别优秀的女儿，能当你的爸爸，我真是太幸福了！"我也对女儿说："我很感谢你的妈妈。"女儿会认真地问我："感谢她什么？"我就说："她生了一个优秀的女儿。"这些都让家庭的每一个成员心中充满喜悦，甚至感动。

三、给孩子买礼物

为什么给亲人买？因为爱他。你经常给孩子、家庭成员买礼物吗？一次最多买几件呢？

我分享一件特别感动我的事。

我的女儿2011年8月到美国上高中，住在寄宿家庭中，2011年的冬季，她搬到了第二个寄宿家庭。不久，要过圣诞节了。美国的圣诞节，大人都会给孩子送礼物。我的女儿刚到美国，去这么远的地方上学，带的东西难免缺这少那的，这个家庭送给女儿的礼物有一件衬衫，一件睡衣，一条睡裤，两双手套（天冷了，寄宿家庭妈妈看见我女儿没戴手套就问："你冷吗？"女儿说着"不冷"，把手放在口袋里），一条围巾，一个粘毛器，一个画画的本子，一本教画画的书（寄宿家庭妈妈知道我女儿喜欢画画），一把伞（一天下雨，寄宿家庭妈妈问我女儿："有伞吗？"女儿说："没有。"寄宿家庭妈妈说："哦，加州的天气还是要准备一把的。"），一本数学方面的书（寄宿家庭妈妈知道我女儿喜欢数学），一张购物优惠卡（美国的孩子过生日时，大人们都流行送的一种卡），一张麦当劳的卡，一条项链，一张电影票，一包糖，一共 15 种。

我们做父母的都很感动，没想到美国的寄宿家庭对孩子这样好，真是让人敬佩！同样是父母，我们都没有给孩子一次送过这么多的礼物！我和孩子她妈妈感慨万分，发自内心地感谢美国的这家人如此用心对待女儿，也知道他们是真心地爱着我们的女儿。

我女儿最喜欢的东西是鞋，我如果出差给她带礼物，她就让我给她买鞋，我也表达了对她的爱。

我印象特别深刻的一件事是，她四年级的时候，要通过倒两年垃圾来买一辆变速自行车。她只要坚持一个月，我就从超市精心挑选一样她没有吃过的好吃的，神秘地送给她："吕卓颖同学，爸爸今天给你一件礼物，你知道为什么吗？"她疑惑地问："为什么？"我就告诉她："吕卓颖同学，你倒垃圾已经坚持一个月了，爸爸特别佩服你，所以送给你一个好吃的。你真合算，倒垃圾，既提高能力，还得自行车，又得好吃的，天下哪还有这样的好事！"我的礼物数量不多，却起了最大的鼓励作用，也表达了我对她的支持和爱。

四、抚摸、拥抱孩子

抚摸和拥抱特别能表达爱。举个例子，如果你家养了一条狗，其中一个人经常抚摸它，另一个人从不抚摸它，狗对这两个人的态度会一样吗？大家都有这个常识，完全不一样。为什么呢？因为抚摸表达了对它的爱。这个狗都知道。

我曾经坐动车从郑州回北京，邻座坐了一个孩子刚出生100天的女士，她带着孩子去北京通州区，她的先生在通州打工。从上车开始她的孩子就在哭，她抱着孩子在走道里走来走去地哄孩子，可是40分钟过去了，孩子还在哭。我就说："我也带过孩子，孩子哭，要么是饿了、渴了，要么是尿了、拉了，要么是困了。你的孩子为什么哭这么长时间？"她说孩子是困了，要睡觉，我一听，这太简单了，就要求她坐下，别走来走去了。她抱着孩子的双手腾不出来，我就用手掌从额头开始从上往下抚摸孩子的脸，第一下，孩子不哭了，第二下，孩子闭上眼睛了，第三下，孩子睡着了。这个妈妈太惊讶了，连声问："你给孩子做什么了？"好像我用了魔法似的。

其实，我也没做什么，我就知道抚摸是表达爱的，是给孩子安全感的，所以孩子立即睡着了。这个妈妈不懂这一点，孩子这天本来就有恐惧感，妈妈带着她去的全是陌生的地方，还到了一个未知的东西上，速度这么快，妈妈还这么焦虑，所以她更害怕了，再困也不敢睡觉。

通过这个例子，我要告诉大家的是：你要多拥抱、抚摸你的家人，给他们爱的能量。

五、倾听孩子的话

你倾听过谁讲话吗？只要你是愿意倾听的，讲话的人一定是个重要的人物。你很重视对方，是不是？那么，你想让自己的孩子长大后成为一个响当当的人物，还是一个无足轻重的人呢？如果你想让孩子成为一个响当当的人物，那么从他小时候开始，你就得倾听他的讲话，不管他的讲话你认为有多么幼稚，都得认真听。你认真听，就会传递给孩子“你很重要”的感觉。如果你的孩子有话对你说，你不耐烦，以“累了、忙、没有时间”等为借口拒绝，或者即使听了也是心不在焉，这样的态度，就会传递给孩子“你不重要”的感觉。

我在孩子成长过程中，一直能做到倾听孩子的讲话。她的任何事，我都认真听，目的就是告诉她，爸爸重视她。我从来没有说过“孩子你说的不对”。她从小到大，只有在她初中的某个阶段，大概有两三个月的时间，她给我说什么，我因为工作的事没认真听，还要求她说了一遍又一遍，最后她生气地说不告诉我了。我把这个例子分享给大家，就是告诉大家别这样做，要倾听孩子讲话。

六、对孩子举大拇指

要经常对孩子、家庭成员举大拇指。大拇指代表你对他的认可、鼓励、欣赏和佩服，这对他是极大的正能量，让他更愿意做这件事，做这件事变得快乐、有意思，也建立了美好的关系。大拇指举得多了，这个孩子就会认为自己是个好孩子，有能力，有本领，这才是最重要的，这对他的一生产生的影响是巨大的，他以后面对新的事物时，自然有勇气和信心。

另一种做法是，不管孩子、家庭成员做什么事，都对他举食指。这个动作代表对他的否定、打击，这对他来说是极大的负能量。刚开始，会表现为他不敢去做这件事了，变得瞻前顾后，犹犹豫豫。如果他不管做什么事、学什么东西，基本上都得到指责，那么他会逐渐变得任何事都不敢去尝试，从而形成“我这个人没有能力”“我没有本事”“我干什么也不行”等自我认知，这时，这个人就很难再积极学习、尝试新事物了。他基本上不会行动，因为他在做事之前，就已经失败了，他认为自己不行，所以连做都不做，连尝试也不尝试，就只会说“我不会”“我不行”“我不敢”。

能满足孩子高层次心理需求的方式方法还有很多，大家只要重视起来这一点，我的目的也就达到了。

第三节

懂得孩子的心理营养需求

正如身体的健康需要足够的物质营养，孩子心灵的成长与心理力量的强大也必须获取足够的心理营养。在成长的不同阶段，给足孩子恰当的心理营养，也就给了他一生幸福的养料。

我 2016 年 4 月 2 日上了“卓越父母专业课”，这个课程的第一部分给大家讲一个人从出生至 18 岁的心理发展特点和应对方式，也就是一个人从出生到 18 岁各个阶段的心理营养，一共包括六方面。我一下子明白了，女儿之所以这么幸福，是因为我们做父母的给足了她心理营养。

那一年暑假，女儿从美国回来，因为女儿今后打算学心理学或是教育学，我就建议女儿先了解一下这个课程。她上完后说：“爸爸，我的心理营养一点儿也不缺。”这也证明了我的看法。

心理营养是什么？是孩子出生之后最渴望的那份关注。一个人一出生就注定有六大渴求。这六大渴求在他成长的过程中，被满足的情况是不一样的。恰恰因为被满足的情况不一样，他没有被满足的部分就会成为他注意力的方向。注意力方向就会产生成果，就有了他的行为模式，有了他的命运，有了他的结果。心理营养被满足的程度，直接影响一个人的命运。

一、无条件接纳

出生至 3 个月，孩子刚出生不久，他需要的第一个心理营养是：无条件接纳。

你还记得孩子刚出生的那一天吗？

孩子长得怎样？红红的，头发黑黑的、湿湿的……

孩子身材怎么样？好不好看？不一定很好看，但一定很可爱。

为什么不一定很好看，但一定很可爱？原来有秘密。妈妈在哺乳期里，荷尔蒙让妈妈能够分泌奶汁，给孩子身体上的营养。荷尔蒙还会产生另外一种物质，叫作苯体胺，当这种物质产生的时候，妈妈就有了一种天然的爱在里面，莫名其妙地就会很爱这个孩子。

刚刚出生的孩子非常脆弱，他不能自己寻找食物。他要等待爸爸妈妈喂他，需要爸爸妈妈帮助他、安慰他、照顾他。其实小宝宝什么都知道，只不过他不会讲话，有需要时只会用哭来表达。这种情况下，就需要爸爸妈妈能够无条件地接纳他。父母也不知道孩子未来怎么样，但就是要没有条件地去爱孩子。

有种情况是例外的，妈妈得了产后抑郁症，或者情绪发生很大变化，这个时候就不会产生苯体胺。妈妈知道这个就是她的孩子，可是就是爱不起来，妈妈也很烦躁。

为什么要产生苯体胺呢？因为老天爷知道，一个孩子除了身体的需要，他还有心理的需要。

无条件接纳就是没有条件地接纳。在孩子长大后，不管孩子成绩好坏、名次高低，身材高矮胖瘦，性格内向外向……都要接纳孩子。孩子得到了接纳，心灵就像有了家一样感到踏实，才能正常地生活和学习。当下，有太多孩子因为成绩、名次的原因得不到接纳，逐渐沦为问题孩子。

我有个观点，不管别人如何不接纳自己的孩子，作为父母你得做到，你得永远接纳自己的孩子，这是孩子的最后一道防线。

二、生命的至重

0 到 3 个月，孩子还需要感受到“在爸爸妈妈的生命中，我是最重要的，重要程度排第一”，如果父母这样做了，孩子就满足了。如果没有满足，孩子就会一直寻找那份满足。不管孩子因为什么原因哭了，妈妈请一定放下手中的一切，及时出现在孩子眼前，这样孩子就知道了自己在妈妈心中是最重要的。

如果孩子在出生 3 个月内，或更长久的成长过程中，父母经常吵架、打架，两个人的精力都消耗在争吵里，那么他们就没有办法照顾孩子。这样的话，孩子在成长过程中，会找另外一个替代父母的人

——重要他人。从这个人身上，孩子希望得到无条件的接纳，希望成为这个人生命里最重要的人。如果孩子没有感到父母把自己当作生命中最重要的人，往往一生中就会不停寻找这个人，直到找到他的重要他人为止。小的时候，他可能会找爷爷奶奶、姥姥姥爷或是阿姨；到了小学，他会去找老师；到了中学，他会去找异性，会很早谈恋爱。他会期望对方把他看成生命中最重要的人，如果找不到，他就会带着这个期待长大成人，带着这个期待结婚。一直不停地寻找，会导致他在人际交往中碰到很多问题，甚至影响学习、工作，成为他的遗憾。

0到3个月这段时间，是给予孩子生命至重的心理营养的最关键的时期，父母要满足孩子。在孩子成年以前，这个心理营养特别重要，父母不要觉得孩子已经大了就不需要了，其实他还是个孩子，还需要呢！

三、安全感

4个月至3周岁，孩子最需要的心理营养是：安全感。

孩子本来是跟妈妈连在一起的，刚出生时经历的是身体上的分离，从4个月起，他开始经历在心理上与妈妈、爸爸“剪断脐带”的过程。孩子想要分离，想要成为一个独立的人，又不能真正做到，因此他很挣扎。此时孩子最需要的心理营养就是安全感。获得安全感，其实是在为分离做准备，从共生关系走向分离。

怎样才有利于安全感的获得?

4 个月至 10 个月，孩子学爬，爬来爬去探索世界。孩子爬出去又会回来，爬到妈妈身边。他会天然地选择妈妈是他的重要他人，爬回妈妈身边来获得安全感，感觉够了，再爬出去，不够了再回来。

如果孩子爬出去，发现了危险，赶紧爬回来的时候一看，妈妈正在和爸爸吵架。世界好危险，这俩人更危险！这样孩子就没有安全感。

你也许觉得孩子那么小，还不记事，没有关系。孩子的确不知道你在吵什么，但是所有的感受都会成为孩子心中记忆的一部分。孩子长大后，即使什么事情都没有发生，也会害怕，会隐隐约约担心。那就是来自小时候的心中记忆。

怎么做孩子会有安全感?妈妈情绪要稳定。不管孩子多大，只要妈妈情绪稳定，孩子就会有安全感。所以妈妈们要学会处理情绪，处理情绪是很重要的。

10 个月至 16 个月，孩子学走路，更是在探索世界。

孩子摸饮水机，“不能摸，烫死你啊”；孩子摸插座，“不能摸，电死你啊”；孩子出去跑，“不要乱跑，把你拐走哦”；孩子去黑暗的地方，“那么黑，不要去，有鬼”……

这样吓唬孩子的情境大家一定不陌生。为什么人们喜欢吓唬孩子?因为让他恐惧，他就会立刻停止行动，远离危险，保护自己。人们经常用这种方式来保护孩子的安全。但是，这样的话，孩子长大以后，会变得胆小，什么都不敢做。

一个有成就的人，通常都要勇敢，敢于创造，敢于有所尝试。如果他从小就什么都不敢，长大后何来创造，何来有所成就呢？只注意到孩子当下的平安，却让孩子心中充满了恐惧，这会让孩子失去未来。

应当怎么做呢？给孩子创造一个安全环境，让孩子在父母的视线范围内，充分地尝试和体验。

16个月到2岁6个月，这是分离临界点。这个年龄段的孩子，完全活在当下，情绪也完全反映当下。

孩子3岁才适合上幼儿园。妈妈把孩子放在幼儿园，老师会让妈妈赶快走，然后把铁门一关。孩子以为妈妈不要自己了，在里面哭。可是有个小孩没哭，他走过去对那个小孩说："你不要哭了，你再哭你妈妈就不要你了。"那个孩子不哭不是因为他勇敢，是因为他的妈妈告诉他："你哭的话妈妈就不要你了。"

2岁6个月的孩子，父母一上班，他就大哭。奶奶抱着孩子说跟着他们上班，走着走着就躲开了。孩子学会了什么？原来爸爸妈妈可以随时不见的。这样孩子再见到父母就更不会放手了，因为他觉得你会随时不见，所以他一定会一直跟着你。

所以，在孩子上幼儿园之前，爸爸妈妈就应当提前教导孩子。每天离开孩子之前，告诉孩子"爸爸妈妈去上班了，不久还会回来"，并摆手打招呼、说"拜拜"。用不了几次，孩子就会发现爸爸妈妈离开自己是暂时的，晚上还会回来。

捉迷藏的游戏也会让孩子慢慢发现，爸爸妈妈不会离开自己，他们的离开只是暂时的。

孩子正确的入园方式，应当有一个星期的适应期。妈妈先陪着，慢慢再离开。这样孩子会很喜欢幼儿园。懂得孩子需要安全感的幼儿园都会让孩子有一个星期的适应期。孩子的心理发展比他的能力发展还重要。

这个阶段，经常有父母吓唬孩子说“老师是个厉害的人”“老师像个神一样高高在上”，这会导致孩子在老师面前没有安全感，被吓住，害怕老师，和老师没有连接。这样的孩子长大后，如果考试的时候老师巡视到他跟前，他是没有办法答题的。

孩子和父母分开，没有安全感，就会找到一个替代父母的过渡性重要他人，另外一个人，或者是一个玩具，都可以成为他的过渡性重要他人。孩子没有安全感，需要这个过渡性重要他人来帮助他。过了这个时期就好了。孩子跟谁特别亲近，这个人就是他的过渡性重要他人。这个时候，大人不要伤害或忽视孩子的宠物。伤害、忽视他的宠物，就是在忽视他；重视、爱他的宠物，就是在爱他。这就是过渡期。走过这个阶段，孩子就开始分离了。有的孩子没有分离成功，就是这个时期造成的。

四、肯定、欣赏、赞美、认可

当孩子进入 4 至 5 岁这个阶段，有了“我”这个意识的时候，他非常需要的心理营养是：肯定、欣赏、赞美、认可。

这个时候爸爸隆重登场，爸爸的一句肯定比妈妈的十句还要重要。

如果爸爸懂得激发孩子，他的能量就会出来。如果爸爸不肯定，妈妈就要多做一些。

性别的认同：被爸爸肯定的儿子，特别刚强，有担当，将来能开创一番事业。被爸爸肯定的女儿，长大了特别有气质，柔美。

身份的认同：身份是每个人对自我的认知，我是谁，我是怎样一个人，其实在每个人的内在都是有一个身份认定的。

孩子看电视时，每次都着急、骂他，孩子有不会的题时，每次都指责说他蠢得像猪……这样的孩子，当在学校遇到老师问问题时，就会觉得这跟他无关，因为他相信他蠢得像猪。

缺乏肯定、欣赏、赞美的孩子很容易成为完美主义者，想了很多，就是不去做。如果从小到大没有人告诉他他是可以的，他就会怀疑自己的能力，认为自己是无能的，是什么都做不成的。有这些想法的人基本上都活在社会的中下层。

一个人生活的社会层级，来自于他的自我价值。自我价值低就会有一些破坏性信念，在生活中就会有一种不配得的感觉，就会觉得“我不值得拥有”。成功人士在潜意识里有一句话：“我值得拥有，成功是我的，财富是我的，美好的生活是属于我的。这些属于我，我就要去争取。”每个人都会去争取自己内心里认为是自己的东西，而这份配得感，就来自于潜意识。

不肯定、欣赏、赞美孩子的那些父母，经常会否定、歧视、责怪孩子，这样孩子更会有低自我价值，因为孩子更容易记住对他的否定、歧视、责怪。

五、学习、认知、模范

6至7岁的孩子，特别需要的心理营养是：学习、认知、模范。

这个时期，孩子需要学习如何管理他的情绪、如何处理他生活中的问题，比如，当碰到麻烦时，该怎么办？如果心情不好，该怎么办？与别人的意见不同，该怎么办？而这份学习要有一个模范，这个模范可以帮助他解决这些问题。

对于孩子来说，他的第一个模范就是妈妈或者爸爸。当在生活中遇到一些具体问题时，爸爸妈妈是用什么态度来面对问题、用什么方法来解决问题的，就会成为将来孩子走向社会后处理问题的示范和模板。

六、选择的自由

孩子从出生开始，有人无条件地接纳他，爱他，让他感到自己最重要，接下来安全感使他能够独立，然后得到肯定、欣赏、赞美、认可，到了六七岁的时候，有学习的模范，这些心理营养都得到满足后，随着年龄的增长，孩子就能够自己选择，去学习生活中所需要的能力、技能、知识，这时候，父母要允许孩子有选择的自由。

孩子未来所有学习能力的基础以及这辈子能否幸福，基本上可以说决定于7岁前有没有得到足够的心理营养。如果有，孩子自然会有生命力去探索、学习新的东西，如果没有，他就会耗费大量的生命精力来寻找曾经未被满足的心理营养。

心理营养，能及早开始给予最好。如果没有从一开始就给到孩子，只要你意识到，发现了，当下开始也可以。如果因为缺失太多而导致出现问题的话，先要处理的，一定是爸爸妈妈与孩子的关系：给孩子赞美、欣赏、肯定，让孩子感觉到自己重要；愿意听孩子说话；他有需求的时候满足他；爸爸和妈妈之间保持和谐、恩爱的关系；等等。

需要特别注意的是，把这六个心理营养归入一定的年龄，是为了帮助爸爸妈妈了解在这些特定阶段孩子最渴求的心理营养。实际上，这六个心理营养，任何成长阶段的孩子都希望从爸爸妈妈那里充分获得。

在吕卓颖的成长阶段，她得到了足够的心理营养，这是她生命绽放的重要原因。

第四节

传递孩子成功七心态

以良好的心态面对人生会使你充满自信。

良好的心态可以使你赢得幸福，良好的心态可以助你吸引财富，良好的心态同样可以使你纠正自己，激励他人，由此获得充实向上的人生。

对于一个心态悲观的人来说，天下没有一张合适他的凳子；对于一个心态乐观的人来说，即使天空下着雨，他的心空也是明媚的。心态决定人生。

我觉得一个人要生活得幸福，应该懂得和应用以下七个心态，在陪伴孩子成长时，也应当把这七个心态传递给孩子。

一、你一定能行

一个人在怎样的情况下，会放弃不做某件事？是他认为自己没有能力把这件事做好的时候。一个人在怎样的情况下，会放弃自己，放弃自己的人生，任何事情也不去做了？是他对自己彻底绝望，看不到希望的时候。

所以，我们在教育孩子时，在他做任何事情时，不管他做得怎么样，不管他是否做对，就算他做得最差，你也要告诉他："我相信你行，你的人生一定能行，你只是在这一方面不如别人，你在其他方面优秀着呢。"

在女儿遇到挫折的时候，我总是坚定地对女儿说："你是金子，是一块大金子。是金子一定能发光。现在你只是暂时被埋在沙里了，但是你还是金子，还在发光，迟早你会把光芒展现给众人的。"

我曾经接到过这样的咨询：

一个高中生坚决不上学了，要去做生意。他妈妈特别不愿意，于是天天打击孩子，说他不是做生意的料，目的是让孩子回心转意重新去上学。刚开始孩子不放弃，一个年轻人在没有任何人帮助的情况下，坚持做了一年生意，中间遇到了很多的挑战，一遇到挑战他妈妈就打击他，而且是绞尽脑汁去打击。最后，孩子终于放弃了，认为自己不是做生意的料，但是他就是不去上学。他妈妈认为既然孩子已经认为自己不是做生意的料了，就该回心转意去上学，为什么他还是不去上学呢？

后来我详细了解情况，才知道孩子为什么不上学了。原来，这么多年以来，孩子不管学什么，他妈妈总是批评，总是否定，总是不满意，一直到了高中，孩子终于彻底、完全、百分之百地相信自己不是学习的料，自己的成绩永远也不能上去了，才去做生意。结果做了一年生意，就被妈妈打击了一年，现在他又认为自己不是做生意的料了。

正确的做法是，孩子不管做什么，父母对待他的态度都让他觉得自己能行；错误的做法是，孩子不管做什么，父母对待他的态度总让他觉得自己不行。久而久之，觉得自己能行的孩子能量越来越高，越来越自信，越来越阳光；觉得自己不行的孩子能量越来越低，越来越悲观，越来越看不起自己。

二、你是重要的

你每天在关注什么？比如，你到超市，你关注哪些商品？你关注的都是你喜欢的、感兴趣的、认为重要的东西，对吗？再比如，你在手机上看微信，你都看哪些内容？你看的都是你认为重要的、有用的、有意思的信息，对吗？

你关注什么就代表你对什么感兴趣，你重视什么，你喜欢什么。重视的程度也有大小，越关注越重视，越不关注越不重视，这是个正比例的关系。

既然这样，请问你在孩子和事业之间更重视哪一个？在自己人和外人之间更重视哪一个？其实没有觉醒的人往往都是更重视事业，更重视外人，忽视了孩子，忽视了自己人。

我觉得教育孩子一定要花心思。什么是花心思？就是用心、细心地完成一件事。如果一个男孩喜欢一个女孩，他追求的过程，就是他花心思的过程。

我曾经问过一个企业家："你把自己的事业搞得非常好，你花了多少心思？"他回答说："不只是心思，是百分之百的心血。"

所以，父母在教育孩子上也要花心思，这是培养幸福孩子的前提。

"养不教，父之过。"孩子缺乏教养，为什么说是父亲的过错，没有强调母亲呢？因为天下母亲基本上都参与到培养、教育孩子的事业当中，而在中国，有相当多的父亲每天为事业奔忙，却忽略了家庭这个最大的事业——后代的培养。其实所有的大人物、有名的人物，都特别重视后代的教育。我们认为，事业再大也大不过后代的教育，任何事业的成功都无法弥补教育孩子的失败。我想说的是，父亲的爱是孩子一辈子的力量，孩子的健康成长需要父亲的陪伴，需要父亲的关注，需要父亲的爱。而且越是孩子小的时候，这个陪伴越重要。

我在这方面也是做得比较好。只要有时间，我就会和女儿玩，带着女儿去公园、去野外等。现在女儿已经长大了，我说起小时候和她玩的事情，她还记得。

培养一个人世间的重要人物，父母该怎么做呢？

第一，父母得对孩子遵守承诺，说话算数。我发现人们往往有这样的心理：对重要人物说的话往往能做到，对无足轻重的人说话往往就不算数，因为无足轻重的人不能把他怎么样，重要的人物，如果你对他说话不算数，他能影响你的生活。

请回想一下，你对孩子和自己人说话算数吗？有相当多的人对外人说话算数，却对自己人说话不算数，经常伤害自己人，这就是能量低的表现。能量高的人对一切人说话算数，对自己人和对外人一样说话算数。为什么？因为他重视每一个人。

你对谁说话不算数，你就在给他发送“这个人不重要”的能量。如果父母经常对孩子这样做，培养出来的一定是一个在人世间无足轻重的人。同时，孩子也就学会了说话不算数。

孔子说：“人而无信，不知其可也。大车无輗，小车无軏，其何以行之哉？”意思是说做人不诚信，就不知道他有什么可取之处了。好比大车缺乏輗、小车缺乏軏的结构一样，这样的车靠什么行路呢？

说话不算数，不遵守承诺，这个人的成就就无从谈起了。

第二，父母得让孩子参与到家庭的事务当中，让孩子发表自己的观点，还得起作用。一个家庭中的重要人物就应当对家庭中的一些事情负起责任，安排一些事情归他管。爸爸负责哪些方面，妈妈负责哪些方面，孩子负责哪些方面，大家各司其“责”，因为这个家中的每一个人都是重要的。

第三，父母要注重一些重要日子的仪式。重视这些仪式就代表你重视这个人，比如，孩子12岁、18岁的生日等等，这个仪式要隆重，隆重就代表重视。当然家里的每一个人都重要，而不是只有孩子重要。如果不重视老人，不重视自己，只重视孩子，那就是宠孩子了。

三、你是值得的

值得的意思有两层：第一，自己有多大价值；第二，自己多大价值配多大价值的东西。

我在陪伴孩子成长的过程中，经常给女儿说：孩子你是无价之宝，所以值得拥有、配得上一切美好的事物。

不管成绩的高低、金钱的多少，都要让孩子有这种感觉，毕竟人生因为有这个感觉质量才高，美好的事情才能发生。假如一个男生很喜欢一个女生，但是他觉得自己配不上这个女生，他会追求吗？即使女生喜欢他，他也会逃避的。

我研究发现，有以下三种做法会导致孩子有不值得、配不上的感觉。

不管财富多少，如果经常强调节约，就会让孩子有不值得、配不上的感觉。

父母经常和孩子做交易，父母要求孩子考试得双百，或者进步多少名，才给孩子买东西，会让孩子产生不值得、配不上的感觉。

孩子的成绩不够高，就因为这个限制孩子，不让孩子用这个用那个，或者因此看不起孩子，也会让孩子产生不值得、配不上的感觉。

四、你的未来一定美好

请思考一下：一个人觉得或者知道自己的未来非常好时，他当下的行动力是强还是弱？

显然，知道自己的未来非常好，当下的行动力会特别强。

既然这样，大人就要经常告诉自己的孩子、自己的学生：孩子，你的未来非常好，我相信你的未来一片光明，我相信你的未来特别棒！

现实中，很多大人每天都在告诉或者暗示孩子：你的未来很糟糕，所以你现在得特别努力；你的未来有问题，所以你得提前学、大量学；你的未来是很危险的，所以你得制订一个详细的计划……他们想用这种办法，来让孩子增加行动力，其实永远也实现不了。

我的女儿1995年出生，20岁时被美国名校全奖录取，高中还出版过一本书《阳光女孩　阳光教育》，感动很多父母，激励很多学生，让很多学生产生学习、上进的动力。她为什么能这样？因为她的父母不管在任何情况下，尤其在她最难的时候，永远会对她说："你的未来无限光明，美好的未来就在前面等着你呢！你朝着那个地方去吧！"

这是让人当下产生行动力的一种智慧，只有感到未来非常美好的人，当下才有行动力。那些认为自己能过上有意义生活的孩子，是不可能浪费他们生活的。反过来，那些浪费他们生活的孩子，都是认为自己没有办法过上有意义的生活，所以才浪费自己的生命，浪费自己的时间。

每当我在学校里、在社会上，看到那些在浪费自己生命的孩子，都发自内心地可怜这些孩子，他们都是感到自己没有了未来，才自暴自弃的。

所以，一个教育工作者，除了把自己的专业知识学得非常好，把知识传授给自己的学生之外，重点要做的一件事情是让孩子知道、感觉到、真的体验到，他的未来一片光明，他的未来非常美好。这样，他就会自己去做，自己去行动。

五、你的权利自然能得到维护

我有一个观点，我认为作为一个人，他有一些权利是生来就带有的，是天赋的，是任何政权、任何社会、任何法律制度、任何团体、任何人都应当维护的，而不能以任何理由剥夺、打破它。人生来就享有自然的一切同样的条件，应该人人平等，不存在从属或受制的关系。他们被造物主赋予了一些不可转让的权利，其中包括生命权、自由权和追求幸福的权利。

我觉得对于孩子来说有一点特别重要：要经过别人的同意才能动别人的东西，别人不同意绝不能拿别人的东西，同时，孩子自己的东西不经他同意，别人也不能拿走。我们所有的大人要维护这个规则。

请回想一下，你是这个规则的维护者还是破坏者？比如，你刚给孩子买一个好吃的，这时你的同学带着孩子来你家玩，你会让孩子分享吗？如果孩子不同意呢？我发现在这种情况下，有相当多的父母会想尽办法让孩子分享，如果孩子不愿意，有相当一部分父母会“抢”孩子的东西给别人的孩子。你知道你孩子这时候的感受吗？

很多家长认为这样是教孩子学会分享。什么是分享？就是自己的东西，想分享就分享，不想分享就不分享。这才是会分享。学会分享不是主人不同意，非逼他去分享，或者主人不想分享，家长替他去分享他的东西，这是胡作非为。

我的女儿为什么内心强大？因为她从小就明白这个法则，如果自己的东西被别人“抢”了，她会自信地对对方说：“这是我的东西，你没有经过我的同意就拿了，你得还给我。”一般情况下，这时对方已经还了，如果对方不还，她也不着急，因为她知道，对方的父母都得维护她的这个权利。

自己与生俱来的权利得到维护，能让人有安全感，内心自动强大。

六、你的事你做主

孩子出生后15个月到30个月的时候，开始有自我意识，有自我想法，也正是从这时起，孩子开始尝试着不依靠妈妈去做自己想做的事情。探索、操控新事物的能力也是从这个阶段开始发展的，从这时开始，家长就应当有意识地放手让孩子做一些力所能及的事情；再大一些的时候，要有意识地让孩子自己做主，比如，穿什么衣服，买什么鞋，买什么样的台灯、写字台，上不上兴趣班，上什么样的兴趣班，等等，都可以让孩子做主，这是按规律办事。

有相当多的家长，他们认为孩子小，没有能力，所以不让孩子做事，不让孩子做主。其实随着成长，当孩子想去探索、开始探索的时候，就是孩子能力提高的时候。能力只能在探索中、在实践中提高。如果大人不让孩子去探索、去操控新事物，就是不让孩子成长。长此以往，孩子的能力就会比同龄人低不少。

有的家长，他们不让孩子做事、做主的原因是害怕孩子犯错误，这也是违背了客观规律。任何人做任何事几乎没有一次就能做对的，都是一边探索、研究着，然后发现了正确的方法。

还有的家长，他们认为孩子就得听家长的，所以总是控制孩子，让孩子按照大人的想法做事。这些孩子却常常表现得比一般孩子更叛逆。正确的做法是我们不要控制孩子让他必须听家长的，而是给孩子讲道理，让孩子听道理而不是听比他年龄大的家长的。

七、永远记住你拥有的

女儿高一假期从美国回国后，和初中的同学聚会，她看到一个在石家庄二中上高中的同学闷闷不乐，就问他怎么不开心。同学回答说："这次期末考试没有考好。"女儿就问她考了多少，同学说考了全年级第三名。他不开心是因为以前他考的是全年级第一。

石家庄二中是河北省的一个重点高中，学校规模很大，一个年级的学生数也不少，能考年级第三名非常不容易，是个相当好的成绩。

可是他却看不到这些，他看不到自己拥有的、做到的，只能看到自己没有的、失去的。

这就是这个同学不开心的原因，当然也有人认为这样的人有上进心，是好的表现。我要说的是，这是能量低的表现，因为他处于负面的情绪当中，是不能全身心投入学习的，他只能难受着。要想重新全身心投入学习和生活，得先停止难受，才能把心思用在学习上。这样不仅让一个人的生命质量降低，而且无法活在当下、干好当下的事，那为什么要这样生活呢？

生活中，有些盲人，虽然眼睛看不见，却生活得特别开心，可是有相当多的健全人却生活得很难受。这是为什么？盲人们能放下自己的眼睛，不去想自己看不见的眼睛，而去想自己拥有的，利用自己拥有的，所以能生活得开心、充实。我看过山东台的一个电视节目《添彩中国说》，有一个叫程家家的盲人，他演讲的主题是“快乐”。他说，生活为你关上一扇门，就一定为你打开一扇窗，由于自己是个盲人，所以身体的其他器官特别敏锐。他会表演各种动物叫，模仿很多名人说话、唱歌，他经常说“我眼不见，心不烦”，都把眼睛看不见当成优势了。

一个人在一个单位工作时间长了，往往容易忘了或者不重视这个单位好的方面，只记得这个单位不好的地方、不能满足自己的地方，忘了是这个单位招聘了自己，也是自己当时选择的这个单位。

同理，和一个人在一起的时间长了，这个人对自己如果有一点儿不好的地方，就特别容易记住，可是，这个人以前对自己那么多的好却容易忘记。

以上这些，都是因为我们不关注我们拥有的，只关注我们失去的、没有的，才导致生命的质量下降。

所以，当你没有能量、状态低迷时，你可以自己给自己能量，那就是想一想你当下就拥有的，怀着感恩的心态，就能从宇宙中吸收很强的正能量，给自己充满电，满怀激情，回到生活中。

我的女儿就是这样生活的。女儿大一第一学期快结束时，她感觉自己没有了动力，于是好好地总结了一下自己拥有的，还写成了一篇文章，然后重新动力十足地生活和学习。

每个人天生都是无价之宝。我们利用我们拥有的，都能生活得足够好。

以上讲的成功七心态，要贯穿一生去应用，当一个人时常保持以上七心态的时候，就会处于一个有安全感，内心有力量的，自信的，阳光的，有价值的状态。这个状态是一个正能量的状态，在这个状态下，做起事来也轻松，就好像事情变简单了一样。

第五节

掌握做父母九大基本功

做任何事都得有一些基本功，比如，练武术得先练基本功，唱歌得先练基本功，我们当父母也得有一些基本功。

下面是我根据自己多年研究和实践的情况总结出的为人父母的九大基本功。

一、关注孩子的优点

我认为父母应当有一个本事和能力，那就是总能找到、说出自己孩子的优点。

在女儿读一年级的时候，我曾经专门准备了一个笔记本，每天从女儿的生活中发现她的优点，记录下来并读给她听。刚开始，这对我来说也挺难的，因为我以前也总是先发现孩子的缺点，不过，为了女儿，我坚持下来了。经过几个月，我发现了女儿一百多条优点。随着工作的深入，我的这个能力也越来越强，后来总能发现女儿的优点，而女儿在这期间进步也很大。

2015 年 11 月，我在整理书柜时，还找到了这个本子，有种美好的感觉。

在一个人身上发现的是优点还是缺点，是影响一个人水平发挥的重要因素。所以，作为父母，要想让孩子对自己的人生充满信心，我们一定要多说孩子的优点。

我前面已经谈过，你关注什么，就是你重视什么、喜欢什么、爱什么。

我曾经见过一个男孩特别爱哭，他为什么特别爱哭？是他的爸爸妈妈、爷爷奶奶特别关注哭，也就是说，他一哭就能得到最强烈的关注。所以，这个男孩特别爱哭，动不动就哭，这其实是“培养”出来的。

我不关注哭，如果他哭，他无论如何得不到我的关注，所以，他很快在所有人的面前都不哭了，因为哭让他很难受。

有一天，妻子的侄儿来到我家，他说：“姑夫，我要玩电脑。”当时，我正在电脑上工作，就对他说：“你等半小时再玩，我还得工作一会儿，我工作完后你再玩。”

他立即躺在地上哭闹了起来，我平静而坚定地说：“通过这种方式想达到玩的目的，已经没有商量的余地了。”说完我继续工作。

他的哭声更大了，我没有理他。等我回头看他时，发现他还通过手指缝偷看我呢！他哭累了，声音越来越小。我为了教育他，在这时说了一句话："如果好好说，也许还有商量的余地。"

他慢慢地从地上站了起来说："姑夫，我现在特别想玩，你能让我先玩一会儿吗？"我高兴地说："进步太大了，刚才还在哭闹，现在能好好说了。不过我还没有工作完，你只能先玩半小时。如果你同意，你现在就可以玩，到时间我会提醒。我提醒你的时候，你就不玩了，这样你下次到我家还能玩。如果我提醒你不听，以后就别玩我的电脑了。如果你不同意，那我还要工作。"他同意我的建议，就玩上了。

快到半个小时的时候，我倒数数提醒他"5，4，3，2……"。数到 1 的时候，他立即就停了下来。以后，他到我家玩电脑，都会好好跟人商量。

没过几天，他的姥姥就发现这个孩子变了，在他们家也不哭闹了，也是有事好好说了。

关注哭，就在培养哭，会让孩子哭得越来越厉害。还有一些孩子特别喜欢恶作剧，也是父母这样培养出来的。

那么关注优点，就在培养优点。

为什么我的女儿优点特别多，为什么大家叫她"阳光女孩"？因为我总说她的优点，培养她的优点，不管她画画，还是跳舞、学数学、学语文、学英语等，我一直在培养她的优点，所以，她的生命闪闪发光。

有一个定律：你所关注的，都会呈现更多。这个是打不破的，永远成立。也就是说，你关注优点，优点会呈现更多；你关注缺点，缺点就会呈现更多。

二、应用罗森塔尔效应

1960 年，哈佛大学的罗森塔尔博士曾在加州一所学校做过一个著名的实验。

新学期，校长对两位教师说：“根据过去三四年来的教学表现，你们是本校最好的教师。为了奖励你们，今年学校特地挑选了一些最聪明的学生让你们教。记住，这些学生的智商比同龄的孩子都要高。”校长再三叮咛：“要像平常一样教他们，不要让孩子或家长知道他们是被特意挑选出来的。”这两位教师非常高兴，更加努力教学了。

一年之后，这两个班级的学生学习成绩是全校最优秀的，甚至比其他班学生的分数值高出好几倍。

后来，校长不好意思地告诉这两位教师真相：他们所教的这些学生智商并不比别的学生高。这两位教师哪里会想到事情是这样的。随后，校长又告诉他们另一个真相：他们两个也不是本校最好的教师，而是在教师中随机抽出来的。

正是学校对教师的期待，教师对学生的期待，才使教师和学生都产生了一种努力改变自我、完善自我的进步动力。这种企盼将美好的愿望变成现实的心理，在心理学上称为“期待效应”。它表明：每一个人都有可能成功，但是能不能成功，取决于周围的人能不能像对待成功人士那样爱他、期望他、教育他。

罗森塔尔效应告诉我们，对一个人传递积极的期望，就会使他进步得更快，发展得更好；反之，向一个人传递消极的“期望”则会使他自暴自弃，放弃努力。

罗森塔尔效应在学校教育中表现得非常明显。受老师喜爱或关注的学生，一段时间内学习成绩或其他方面都有很大进步，而被老师漠视甚至歧视的学生就有可能从此一蹶不振。一些优秀的老师也在不知不觉中运用期待效应来帮助后进学生。

在企业管理方面，一些精明的管理者也十分注重利用罗森塔尔效应来激发员工的斗志，从而创造出惊人的效益。

作为家长，你也要在家庭中运用这个原理。因为孩子还小，人格正在发展当中，孩子会特别在乎家长、老师对他的看法。你把他当成什么样的孩子对待，或者是期待他成为什么样的孩子，直接告诉或者暗示他，就会对他产生重大的影响。

要想培养优秀、卓越的孩子，你必须把孩子当成优秀、卓越的人来对待。也就是说，在发生事情的时候，如果孩子是个优秀、卓越的人，在这种情况下你会怎么办，那你就怎么办。

我在陪伴女儿成长的过程中，经常应用罗森塔尔效应。我会在内心先认为她是一个优秀、卓越的孩子，所以能放手让她做很多的事情，所以，她就成为一个出色、优秀的人。

三、遵守承诺、诚信

做企业的人都知道，诚信是市场之基，诚信是行业之命，诚信是企业安身立命之本，是行业发展的生命之源。

为人父母也是这样，遵守承诺、讲究诚信是情感关系的基础。父母遵守对孩子的承诺，说话算数，代表你尊重、重视、看得起孩子，不仅会传递给孩子正能量，而且会形成美好的情感关系，即孩子信任父母；反之，父母不遵守对孩子的承诺，说话不算数，代表你轻视、看不起孩子，不仅会给孩子传递负能量，而且不会形成美好的情感关系，孩子也不信任父母。

所以，每一个做父母的人一定要遵守对自己孩子的承诺。而现实中，有很多的父母能做到遵守对外人、对朋友的承诺，就是做不到遵守对自己孩子的承诺。他们是什么心理呢？孩子是自己的，不遵守对他的承诺，他一是不能把我怎么样，二是终归会原谅我。

这样的父母非常糊涂。这样做不仅破坏了亲子关系，而且孩子也从父母身上学会了不遵守承诺，说话不算数。

世界上最牢固的、永远打不破的关系，是父母和孩子的关系。夫妻关系有结婚证约束，但一张离婚证就可以打破这个关系。其他关系也是一纸合同在约束，合同一解除，这个关系也就断了。但是父母和孩子之间的关系是打不破的，就是法律给他解除了，在血缘上，那个关系还存在。如果父母不遵守对孩子的承诺，这个关系就是有裂纹的。

一个三四岁的男孩，已经上幼儿园了，他上了一段时间后，突然有一天不想去了，无论家人怎么劝说，他都不想去。于是他爸爸就说：“不去就不去吧，爸爸带你玩去。”然后就领着孩子出去玩。玩着玩着，就来到了幼儿园，孩子无奈地被送了进去。再过一段时间，孩子又不想去了，爸爸也是先答应不去了，然后带他出去玩，结果又玩到了幼儿园。这样几次之后，有一天，爸爸答应孩子不去幼儿园出去玩时，孩子说："爸爸老骗人，我不相信你了。"

我的孩子为什么能量高，觉得自己是个重要人物，也活出了重要人物的状态？原因就是我一直遵守对孩子的承诺，从来没有食言过。如果答应她的事因为一些原因没有办成，我会给她道歉并说明原因，并向孩子说明自己是如何努力想遵守约定。总之态度是积极的，而不是故意的。

在女儿上一年级的时候，有一天周五下班时，同事邀请大家一起玩，我没有去，因为我已经答应女儿一下班就回家和她玩。我到家后，就对女儿说："女儿，下班时，王叔叔邀请爸爸一起去玩，爸爸没有去，你知道为什么吗？"我自问自答道："因为爸爸之前已经答应你了，下班和你玩。"女儿听了特别高兴。

亲人之间必须是信任的关系，只有有信任的关系，才有幸福的感觉，心理上才是安全的，才有亲切的感觉，做起事来内心才有力量。

如果因为父母的原因，孩子不信任父母，当孩子的父母是不是有点不够资格呢？

四、从孩子的角度看问题

为人父母，必须做到这一点：当和孩子想法不一致的时候，要学会从孩子的角度、高度看问题、看世界，避免和孩子发生冲突。只有这样才能理解孩子，包容孩子，才是尊重孩子的表现，才能赢得孩子的信任，和孩子保持美好的亲子关系，让孩子高高兴兴，活出精彩的自己。

如何做到站在孩子的角度看问题？

第一，父母必须蹲下身子，从孩子的角度、高度看世界。

有一位妈妈，在圣诞节的时候带女儿出去逛街。街上非常热闹，她想女儿一定会非常高兴。然而到了大街上，女儿却拽着她的衣角呜呜地哭个不停，她想不通。后来女儿的鞋带开了，她蹲下身子帮女儿系鞋带，系好鞋带后她无意中抬起头，惊奇地发现：没有彩灯，没有圣诞礼物，除了一双双粗大的脚和来来往往的双腿，什么也看不见。她震惊了，立即抱起了女儿，女儿这才笑了，她却流泪了。

第一次从女儿的高度眺望世界，她感到非常震惊。从此这位妈妈牢牢记住了这一点：要站在孩子的角度看问题。

第二，父母要在心态方面，把自己变回小的时候，设想自己是个孩子，设想自己在孩子的这个年龄会是什么样子。

很多的父母不理解孩子的很多行为，这是因为父母从成人的角度、经历看待问题，认为那是不应该、不对的，结果经常和孩子发生冲突。比如，有些父母不准孩子一边玩一边学，很多孩子一直玩的玩具被父母认为是“幼稚”的。

假如有一种魔法，能一下子把大人变回小孩，你是如何写作业的？你喜欢什么东西？你是一边玩一边写作业，还是专心致志地写作业？

你的注意力能保持很长时间吗？你会选择玩玩具小汽车，还是玩宝马、奔驰呢？

如果你能飞到城市的上空，能看到每个孩子在家写作业的情况，你会发现什么现象呢？小学生写作业时，大多都是一边玩一边学，年龄越小越是这样，这是普遍现象。既然是普遍现象，就说明这是正常的。

所以，父母要把心态放下来，这样才更能理解孩子，能对孩子提出比较合理的要求，让孩子能做到，有成就感，而不是对孩子提出过高的要求，总让孩子有挫败感、内疚感。我认为这一点比第一点更重要。而且，让父母放下成人的心态回到孩子的心态，是可行的，因为成人都曾经历过孩子的阶段，而让孩子上升到父母的角度看问题，则是不可行的，因为他没有经历过。

第三，父母要和孩子多沟通交流，多听一听孩子的想法、看法。这样才能理解孩子。

我在2004年开始创业之前，经常和妻子讨论如何开创事业，我就发现，只要我俩一谈这个事情，女儿就特别不高兴。我就问女儿："只要我和妈妈谈不上班了，你就不高兴，为什么呢？"她说："爸爸，老板是给别人发钱的，咱们家也没有多少钱，为什么要当老板呢？"

开创自己的事业，一个让大人兴奋的事，却让孩子恐惧，所以，我们一定要从孩子的角度看问题，当孩子不理解时，想法有冲突时，一定问问孩子的想法是什么，别让孩子担惊受怕。

我们也不需要成为儿童心理学专家，孩子不就是最好的教科书吗？只要多问问孩子，多沟通交流，就能懂儿童的心理。

我为什么懂孩子？除了学习以外，就是经常请教孩子的结果，这个行为要贯穿一生。

不仅仅父母需要站在孩子立场上看问题，每个人都要学会站在别人的角度看问题。只有换位思考，将心比心，才能够真正了解他人的所思所想。

我总是这样做的：站在妻子的角度想，她是否愿意自己这样的人做她的丈夫；站在上级的角度思考，自己是否是一个合格的下属；站在女儿的角度看一下，她是否已经获得一个快乐的童年生活；站在一个学生的立场看，他是否喜欢我这样的老师……

道理是很简单，但希望我们每个人真的能学会多站在别人的立场与角度去看待问题，互相关心，互相理解，互相包容，拥有一个和谐的生活。

五、关心孩子全身心

我们都爱自己的亲人，怎样的爱才是真正的爱呢？

我发现有两种人：一种人爱人是全身心关心这个人，关心这个人的全身心，核心是和这个人在一起；另一种人爱人是只关心这个人的学习成绩、名次、作业，职务、收入等。

有一天，我在一个牛排店里吃饭，和一对母子是邻座。那个男孩大概读三四年级的样子，在他们长达一个小时的用餐时间里，妈妈从头到尾的话题全部是学习、成绩，没有一句提到其他方面。这个妈妈让孩子吃牛排是关心孩子的身体，只谈学习是关心孩子外在的成绩，却连一句照应“心”的话都没有提及，最核心的地方她反而没有去关心。

这种做法就相当于两个青年男女相处，一方从头到尾只问对方的职务、收入，其他的一概不问。你觉得这个人是真爱对方吗？还是只关心对方的钱呢？他们能相处下去吗？

“关心”是什么意思呢？“关”是照应，“关心”就是照应一个人的心。关心一个人不是只关心他的成绩、名次或是他的财富和职务，关心一个人的核心是照应他的心，只有这样，才能给对方最大的爱、最大的力量，这份爱对方才能感受到。

父母在这一点上做得好不好，检验的标准是孩子会不会对你说心里话。

我的侄女上初中时，把老师布置的暑期小组活动安排在我们学校。她的小组组员中有一个男生早早就来到了学校，他和我聊了起来。他和我聊了很多他的困惑，我一一给他解答了。最后他说，他曾经看过陶行知的书，认为陶行知很了不起，是个真正的教育家，可是他之前还没有见过一个教育工作者像陶行知一样，这次见到我，感觉我好像就是陶行知那样的老师。他还说每次当他跟爸爸说自己的心里话时，或者他在什么方面产生困惑找爸爸解答时，爸爸总是避开这些话题不谈，总让他快去学习。

这就是典型的只关心学习，不关心心灵的例子，长此以往，孩子的心里话也就不对爸爸说了。

而我的女儿是有任何的心里话都会对爸爸妈妈说，从小到大都是这样。为什么呢？因为爸爸妈妈一直在照应她的心，全身心关心她，而且每次跟爸爸妈妈说完以后，她都解决了问题。

现在有很多的孩子有话不对父母说，父母特别想了解孩子，可是孩子为什么就不对父母说心里话呢？这就是以上的原因导致的。

六、认清恐惧

作为父母，如果你不懂恐惧是什么，那你就有很大的可能会带给孩子很多恐惧，从而让孩子的生命不能得到绽放。

举一个例子，假设从一个孩子出生之日起，你就不让他接触椅子，并告诉他椅子是可怕的，它一出现就会要人的命。就这样告诉他，一直到这个孩子 12 岁了，有一天，你突然在他背后对他说“椅子来了”。请你想象一下，这个孩子会有什么反应、会产生什么情绪呢？

我们都知道，椅子是不可怕的，不仅不可怕，还是人们的常用坐具。我通过这个例子是要告诉大家，恐惧是幻想，是一种感觉，不是真实的存在。可是有很多的人却把恐惧当成是真的，被这个恐惧完全控制住了。

现在有很多人内心充满了各种各样的恐惧。这些恐惧是怎么产生的？往往是在小时候，从集体意识中得到了。有这样一类父母，在带孩子的时候，为了把孩子控制住，让孩子听话，就经常吓唬孩子。比如，对孩子说外面有老虎、有坏人、有强盗等，使孩子因为害怕不敢乱跑。也有的是老人带孩子，老人腿脚不方便，为了容易看管些，也用这些方式吓唬孩子。

有一年，我开车去接一个从山西来到廊坊的亲戚，她带着当时是2岁的孩子。下了火车坐上小汽车之后，孩子对汽车上的什么都感到新鲜，一会儿摸摸这儿，一会儿摸摸那儿。只要孩子一摸车上的什么东西，她就说“咬”，弄得孩子对什么都害怕。过一会儿，孩子困了，就开始哭闹，这时她就开始吓唬孩子说外面来了老虎、外面来了坏人之类的话，结果孩子哭闹得越来越厉害。

孩子到了姥姥家后，晚上很晚了怎么也不肯睡觉，哭闹得特别厉害，整个楼道都能听见哭闹声。孩子的妈妈说：“我的孩子很特别，每天晚上都是如此。”

孩子为什么会这样呢？因为孩子内心充满了恐惧，尤其是在她想睡觉的时候，她的妈妈还吓唬她。本来孩子困了，妈妈给孩子安全感，哄一哄孩子，孩子也就睡觉了。可是她的妈妈不是这样做的，孩子越困，越需要安全感的时候，她反而越吓唬孩子，让孩子害怕得不敢睡觉。

很多东西孩子不是不能动，只要教会孩子如何动，就不会有什么危险。比如，我的女儿三四岁的时候，她妈妈就对她说：“针特别危险，你别动针。”我一听，就把孩子叫过来，对女儿说：“针一点儿也不危险，爸爸告诉你如何拿。”我把针放在两个手掌中间，一边来回搓针，一边对女儿说：“针的表面积如此大，这么拿一点事也没有，就是针尖这小小的一点地方，拿的时候要注意。”然后，我让孩子亲自动一动，再用针尖刺一刺自己的手背，体会一下被针尖扎是什么滋味。这才是教育孩子应有的态度。对待热水也是如此，对待任何事物都是如此，应当用开放的心态，让孩子学会如何动，而不是用吓唬的方式控制住孩子，使得他不去动那些我们认为危险的事物。

恐惧会起什么作用呢？

一个人对某件事感到恐惧，那么他做那件事就拖延，就不喜欢干。

一个孩子如果对学习有恐惧，往往就不喜欢学习。但孩子为什么会对学习有恐惧感呢？因为有很多的成年人为了让孩子勤奋刻苦学习，经常给孩子讲“头悬梁，锥刺股”之类的故事，教给孩子“书山有路勤为径，学海无涯苦作舟”之类的名言……这些故事和名言本身当然没有什么问题，大多以学习条件的艰苦衬托了仍然勤学的人精神的可贵，也体现了学习本身的魅力和价值所在。但是，孩子多半会先看到学习苦的一面，对学习就不容易产生兴趣，反而会产生恐惧感，变得不喜欢学习。

一个内心有太多恐惧感的人，不仅生命质量低，而且做事会特别胆小，总处于防御状态或者是攻击的状态，很难和人交往。

七、认清内疚

内疚是正能量还是负能量？很显然，内疚是负能量，因为正能量是让人舒服的，负能量是让人难受的，没有谁心怀内疚还会舒服。

既然内疚是负能量，为什么还有那么多人让自己内疚、让别人内疚？因为它会起到心理平衡作用。这是什么意思？

举个例子，假如一个人开车从后面撞上了前面的车，怎么做是正确的？根据相关法律法规，后车要负全部的责任。一个勇敢的、有担当的人会怎么表现？他会这样说："对不起，这是我的错误，我负全责。"如果这个人的能量低，他又会怎么表现？他一定表现得特别难受，特别内疚，但就是不愿意承担自己该承担的责任。他为什么要表现难受和内疚？因为难受和内疚一方面显得他是个好人，另一方面是暗示对方：我已经难受和内疚了，你得让我不赔或者少赔钱才行，不少赔都不行，因为我已经负了一部分责任，让自己难受和内疚了。

通过这个例子，大家就看得清清楚楚，内疚是个负能量，因为它会让人产生自己是个好人和自己已经承担了一部分责任的错觉，从而不想去付出实际行动改正错误。

有些小孩爱玩这样的游戏：他打对方一下，对方刚要报复，他立即道歉。对方一看他道歉了，也就作罢了，结果他又打对方一下，对方刚要生气，他立即又道歉，然后又打对方一下。他为什么能又打对方一下？他的逻辑是这样的：我已经为打你一下道歉了，这个道歉就相当于付过账了，既然我已经为打你一下承担了责任，我就可以再打。

这个道歉就和内疚一样。通过这个例子，大家可以看到，内疚是个负能量，因为它还会让人产生"我已经付过账了，所以，我可以接着做前面的事"的心理，然后不仅不去改正，还会放任自己重复做前面的事。

有一个妈妈曾经咨询我，她说自己的女儿没皮没脸。她为什么这么说呢？她说女儿没有考好，但只难受了一下就不难受了。妈妈就开始教训女儿，说女儿没有上进心，没皮没脸。她说她这样做的目的是让女儿继续内疚和难受，因为她认为女儿只有继续难受和内疚才表明女儿有上进心，才能学习进步。这是不正确的。

一个人必须停止内疚和难受，才能做当下最需要做的事。如果一个人为前面的事难受和内疚，他只顾着难受和内疚，是不能做当下最需要做的事的，是不能改变以前的做法的。甚至他可以这样说，你已经让我难受和内疚了，我已经不欠你了，所以我没有必要改了。

女儿在上小学的时候，曾经有一次在快吃晚饭的时候要出去玩。我不想此时让她出去，想让她吃完饭后再出去玩。但是她玩的心情很迫切，她承诺少玩一会儿，在6点钟一定回来，于是我同意她出去玩了。结果直到7点多了她才回来，一回来就给我道歉，不仅道歉，而且让我惩罚她，让她罚站。我说："爸爸爱你，我不惩罚你，爸爸想让你说到做到。"她为了让她自己心理平衡，又恳求道："爸爸，您还是让我罚站吧！"我再一次说道："爸爸爱你，我不惩罚你，我是想让女儿成为一个说话算数的人。"在她数次想被罚的情况下，我都没有惩罚她，最后她下定决心说："好吧，爸爸，从今天起我一定说话算数。"

如果我不是这样做，而是惩罚了她，她以后就会经常说话不算数，回来后，只要被惩罚了，也就心理平衡，觉得不欠我了，那样我就会把女儿培养成一个说话不算数的人。

所以，内疚就是一个平衡器。

八、认清压力

压力是什么？你认为是动力吗？认为压力是动力的人很多，如果你是这样认为的，你会给自己压力，也会给你的孩子、亲人压力。

你曾经有过压力吗？这个滋味舒服吗？你想一直带着压力生活吗？如果你不想的话，那就从今天起别再给自己和孩子、亲人增加压力了，因为“己所不欲，勿施于人”。

在我看来，压力等于阻力。这个是很好理解的。如下图所示：

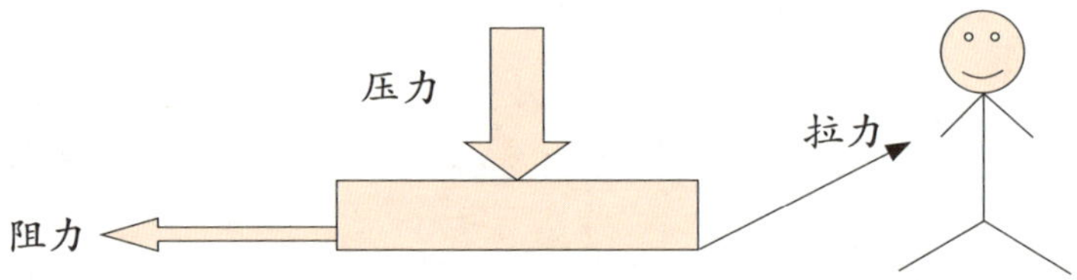

如果在这个木块上增加压力，人拉这个木块就要使用更大的力气。为什么要使用更大的力气？因为阻力增大了。谁愿意比别人费更多的力气走完人生的旅程呢？

压力有两种，一种是身体上的压力，一种是精神上的压力。

如果每天往自己身上加上 50 斤的压力，你愿意吗？带上这个压力你能走多远呢？这个压力会让你觉得累，不过，这个压力也容易去掉，你累了，你可以轻松地把这个压力卸掉，休息一会儿就缓过来了。真正让人们累的是心里的压力。

如果一个人心里有巨大的精神压力，这个人往往会吃不好、睡不好，心神不定。甚至可以这样说：如果你不想让某个人做某件事，你就不断地给他增加压力。这个压力会让这个人心力交瘁，然后他就放弃了做这件事。这就是压力起的作用。我把这个称作“精神迫害”。精神压力的特点是，放上去容易，放下难。很多人能把压力放在自己和别人的心上，却没有本事把它拿下来。

压力一开始也是可以让人产生一定的动力的，所以压力也不是一点都不能给。如果一个人不能集中精力做事，没有行动力，我们可以给他点压力，让他集中精力，产生行动力，但过后就得把这个压力去掉，让他恢复正常的状态。因为压力产生的动力不是长久的动力，它会让人累的。

打个比方，一个人要过一个独木桥，桥下就是万丈深渊，而他还没有重视这件事。这时可以让他肩上担上一个适当的重量，一是为了保持平衡，二是让他集中所有的精力，认真地对待这件事。这个压力就在这个时间段内发挥作用。等他过了独木桥以后，就把这个担子拿下，而不要让他一直背着这个压力。

在孩子的成长过程中，会有来自学校、老师、社会上的重重压力，我们为人父母，要帮孩子把来自于这些方面的压力去掉，让孩子身心愉快地学习和生活，而不要再给孩子增加别的压力，把孩子彻底压垮。

我的孩子为什么能轻松地学习和生活？因为她一直没有压力。在她读小学五年级的时候，有相当多的同学发出“上学真累啊”的感叹，她却发现上学是一件轻松的事情。大家都说：“你别得意，现在如果你还觉得上学轻松的话，等上了六年级，你就会累了。”小学毕业了，她发出感叹：“六年级也是轻松愉快的！”有同学就说：“你别得意，等你上了初中，你就会累的！”女儿上了两年的初中，别人都在感叹初中比小学累的时候，她说：“我发现初中还是轻松的。”又有同学说：“你别得意，等你上了初三，就会感到累了。”她初中毕业了，不仅以几乎三年都是最好的成绩毕业，还被美国的蓝带高中录取，她说：“初三还是轻松愉快的。”别人没话说了，还认为她是个另类。

其实她也是一个平常的人，她之所以感觉轻松愉快，是因为我们帮孩子把所有的压力去掉了。孩子如果带着压力学习和生活的话，会发挥不出自己正常的水平。

九、把担心换成祝福

你担心过自己吗？你担心过亲人吗？担心是一种什么感觉？担心会让人舒服吗？担心当然让人不舒服。

既然不舒服，为什么还要担心？因为在很多人看来，担心表明自己是一个好人，想得周到，提前想到，在负责任等。

我曾经给一所中学的学生讲过课，那个中学的校长真是一个负责任的校长，一心用在学校的管理和教学上。在我演讲完后，他给我讲了他们学校的情况以及他自己是如何全身心工作的，他说他非常感恩母亲和妻子的支持，如果没有她们背后的支持，他是无法全身心投入工作的。在与他谈话的尾声，他又强调母亲的身体一直不好，自己工作的时候特别担心母亲健康出现状况。他为什么跟我说他自己如何全身心工作，又说在工作的同时，特别担心母亲的健康？其中一个原因就是他想表明自己特别孝顺。

很多人有相同的观点。其实，担心是一种很负面的能量，会让自己和对方的能量都下降，感觉不好。所以，没人需要担心，你可以把担心换成祝福，祝福才是正能量。

有位 50 多岁的女士，她的儿子才上四五年级，属于老来得子，所以特别疼爱孩子。但是到了儿子四五年级的时候，她已经管不了儿子了。儿子的学习和生活太让她操心了，她操碎了心孩子也不听她的。她只好把儿子送到北京的私立住宿学校上学。儿子离开后，她特别担心孩子生病，时时刻刻担心着。到了周五，她开车去接儿子，儿子果然病了。她把儿子接回家，治疗好后，再送去学校。回来后她就又开始担心了，到了周五她去看望儿子，儿子果然又病了。直到她知道担心是负能量以后，她时刻提醒自己，要把担心转变成放心和祝福。她在心里对自己说："我对儿子是放心的，我的儿子没问题，我是爱他的，祝福我的儿子健康。"就这样经过一周，她将信将疑地到学校看望儿子，儿子竟然没有生病。她想也许是凑巧吧，不过，不管怎么样，这周儿子反正是没有生病。下一周，她还是继续给孩子发送放心和祝福，儿子仍然没有生病。就这样尝试了好几次，结果都是一样的，她就再也不发送担心了。

担心的人的出发点是好的，但起到的作用相当于诅咒。能量低的人总是担心自己和对方，能量高的人总是对自己、对别人放心，祝福自己、祝福对方把事情做成。

第二章 家庭能量场的营造

第一节

科学运用话语权

一、话语权决定孩子的能量

通过科学运用话语权，营造一个正能量的场，能培养出一个能量高、有素养、素质高、品性优良的优秀孩子。

怎样是能量高？表现在两方面：第一是能量大，也就是影响力大。他的活动能力，特别是社交方面的能力很强。也就是说，在别人看来不容易办到的事，他能办得到。第二是正能量，即能量是积极向上的。正能量的人会使自己轻松，也会使别人轻松。

怎样是有素养？就是有教养，具备由训练和实践而获得的一些技巧或能力。素养最主要是在家庭中培养的，学校也能影响人的素养。

怎样是素质高？就是指一个人在心态、思想、作风、道德品质和知识、技能等方面，经过长期锻炼、学习达到较高的水平。

素质是人的一种较为稳定的属性，能对人的各种行为起到长期的、持续的影响，甚至可能起决定作用。

怎样是品性优良？就是指一个人的本质、性能、禀性优良，跟大家说汽车的性能优良有相似的意思。

那什么是话语权呢？话语权就是说话权、发言权，亦即说话和发言的资格和权利，包括知情权、表达权和参与权。话语权的表现情况是一个家庭能量场最具体、最明显、最直接的反映。

家庭是由所有家庭成员组成的，每个家庭成员都重要，每个家庭成员都该享有话语权，不受年龄、性别等限制。所以，孩子有了自己的想法以后，就应当享有话语权。让孩子在家庭中拥有话语权有培养、助其成长的意思，是锻炼孩子，让孩子长大成人后有话语权的过程。孩子只有顺利地成长，得到锻炼了，以后到了社会上，才敢行使话语权，才会有话语权，才会使用话语权。

二、话语权的表现形式

以家庭为单位，话语权在不同家庭有三种不同的表现形式。第一种是孩子对父母言听计从，父母有绝对的话语权；第二种是每个人都有话语权，大人孩子都有，但每个人的比重不同，大部分家庭是有一个人的话语权比较大，其他人小一些，尤其是未成年人；第三种是孩子有绝对的话语权，所有人对孩子言听计从。于是，对孩子来说，也就有三种不同的情况。第一种是自己的事自己不能做主，得听父母的；第二种是能参与家庭的事务，在家庭事务中发挥作用；第三种是自己的事自己能做主，听自己的。

在父母有绝对话语权的家庭中，不论事大、事小，孩子都得听父母的。这样家庭的父母都有一句口头禅：听话。

为什么会这样？可能有以下四种原因：

第一，孩子在幼儿时期由于没有独立生活能力，是由父母管着的，父母习惯了这种模式，在孩子长大之后，也一直沿用。

第二，父母自己从小就是这样被自己的父母管着的，不知不觉中学会了这样教育自己的孩子。

第三，父母看到其他家庭都是这样教育孩子的，自己也就这样了。

第四，受中国传统思想的影响。如《弟子规》有言："父母呼，应勿缓；父母命，行勿懒；父母教，须敬听；父母责，须顺承。"意思是，父母叫孩子时，孩子不能慢吞吞；父母给孩子交代了事情，孩子要勤快认真地去做，不能懒惰；父母教导孩子时，孩子要恭敬听取；父母责备孩子时，孩子要承担、接纳。

我举这个例子，不是说《弟子规》本身有错。我的意思是，父母的能量有高有低，能量低的父母，对这些传统思想的运用和理解出现偏差，才会导致形成这种"父母有绝对的话语权"的家庭环境。

一方面，能量低的父母，会用《弟子规》来要求孩子。其实，《弟子规》是用来要求《弟子规》的学习者的，也就是说，谁学习《弟子规》，谁就按照这个去做，去影响别人，而不是父母学了《弟子规》，自己不按照这个去做，却要求孩子去做。

另一方面，能量高的父母和能量低的父母会对一样的话形成截然不同的理解。比如前文提到的《弟子规》这段话中的“呼”字，在能量高的父母那儿是亲切的、尊重的呼喊，到了能量低的父母那里可能就成了命令式的、歧视性的呼喊。这完全不一样的两种表现，结果自然也就完全不一样。

我见过一个初中女孩，从小到大，她没有穿过自己喜欢的衣服，所有的穿戴，都是妈妈说了算。她妈妈的理由是“妈妈有经验，听妈妈话有捷径可走”“妈妈吃过的盐比你吃过的饭还多，走过的桥比你走过的路还长”，诸如此类。这女孩几乎所有的事都得听妈妈的，从小活泼、张扬的个性，到初中变成了郁郁寡欢，萎靡不振，对什么都提不起兴趣。可是她妈妈还一直认为自己很会爱孩子，直到老师跟她说发现孩子状态不正常，她才向学校的心理老师咨询。

这类父母的典型特征是：控制。控制其实是一个非常负面的能量，让自己累的同时，也让对方很累，双方都活不出真实的、高能量的自己。为什么这些父母要控制孩子？原因不在孩子身上，原因在于这些父母自身能量低。他们或者是认为自己比别人强，看不起别人，认为别人离不开自己，所以习惯于控制别人，孩子自然也就不例外；或者是对自己的信心不够，所以通过控制别人来寻求自信，自家孩子自然成了不二人选。

这样的父母没有意识到，孩子是单独的个体，和自己并不是同一个人。每个人由于成长的经历、环境不同，接受的教育不同，形成的心智模式也就不同，对待一件事，会有自己的想法、看法、做法。每个人都有权按照自己的想法去做，而不是按照父母的或者是权威的想法去做。

对孩子言听计从，孩子有绝对话语权的家庭，表现在全家围着孩子转，把孩子放在所有人之上。这样家庭出来的孩子，几乎都会成为问题孩子。为什么？因为他会觉得就他自己重要，其他人都不重要。这就是他最大的问题。他长大后会无法无天，家庭、家族都有可能毁在这样的孩子手上。

有的家长为了不让孩子哭闹，就同意孩子的所有要求。这种做法也会让孩子变成问题孩子。为什么？因为这种做法就等于奖励了孩子的哭闹，所以这样的孩子以后哭闹次数就特别多，特别厉害。这种情况是怎么造成的？孩子在婴幼儿时期，由于没有语言表达的能力，所以就用哭来表达自己的意思，这时的哭是和大人交流的方式，告诉大人自己饿了、渴了、尿了、拉了、冷了、热了等信息。可是孩子长大后，已经拥有语言表达能力了，再这样下去就不行。一定要让孩子学会正确地交流和沟通。

在女儿一年级的时候，我记得有一次她哭闹得特别厉害，让我给她一个东西。我明白她需要什么，可是我假装听不清，我耐心地对女儿说："爸爸特别想给你，可是我实在听不明白，只要我听清了，我立即就给你。"她尽量抑制着哭，哽咽着对我反复说了好几遍，我都假装没有听懂。直到她彻底平静下来，清楚地说完后，我立即满足了她。

为了让她意识到自己的进步并将其发扬下去，接下来只要她用正确的方式说出自己的想法，我就立即同意。等她完全会用正确的方式和父母交流沟通后，我又给她说明并不是只要用正确的方式交流和沟通，父母就会同意她所有的想法，如果我不同意她的想法，但是不反对她的想法，我就会提供机会让她自己做，自己去实现自己的想法。

三、如何科学运用话语权

我家是一个幸福美满的家庭。这与我科学使用话语权，重视家庭中的每一个人，让每个人都有话语权分不开。

重视家庭中的每一个人，尤其要重视孩子。孩子因为年龄小，容易被父母轻视，这样不利于孩子成长。父母养育孩子的过程，也是一个自己成长的过程。你有自己的成长经历，有自己的成长环境，形成了自己的心智模式。培养孩子时，就得放下自己的经验，放下自己的标准，放下自己的架子、面子，放手让孩子成长，而不是用自己的经验、标准来把孩子控制住。你要学会从孩子的角度看问题，让孩子有充分的话语权，尊重和重视孩子，让孩子充分成长。

其实，在女儿六岁之前，我也是一个不懂教育的爸爸。

在生活上，我无微不至地照顾她，自从她出生，我白天晚上都会参与照顾她，包括吃喝拉撒睡各个方面。从这一方面来说，我付出的很多。

可是在学习上，我总是用大人的标准要求她，把她和自己比，看不上她。因为我自己从小学到初中都是前三名，上的重点高中，也是年级前二三十名，所以在学习上，我总是看不上她，认为她笨。有时还在心里怨她妈妈不聪明。

为了写这本书，我询问太太我以前的情况。她回忆说："孩子两三岁时，我在地上写个'凳'字，孩子立即就会了，也写了一个，而你却讽刺孩子写得不好。我从孩子三岁起教孩子《三字经》，孩子会背的越来越多，你还是讽刺挖苦。孩子都说过这样的话：'爸爸说我写得不好。''爸爸说我不聪明。'"

那个时候，我极其大男子主义，在家里有绝对的话语权，是家中的权威，孩子和太太都得听我的，我甚至有看不起她们的意思。她俩生活在我的阴影之下。

后来，太太给我推荐了一本书——《赏识你的孩子》，我看后触动很大，一下子改变了自己的教育心态。我从本质上发生了变化，从看不起孩子转变成看得起、欣赏、佩服孩子了。

不过，这几年对孩子造成的负面影响也得清理，让孩子在家应当有话语权。

有一天，我对孩子说："女儿，爸爸和妈妈有时会发生一些争执，谁也说服不了谁，都认为自己对，这时你来给我们当裁判。"

没有想到孩子不敢。我就更加诚恳地对她说："这样，如果你不敢说话，当你认为我不对的时候，可以拉一拉我的衣角。而且我对你做出承诺，只要你提出是我错了，我保证立即闭嘴，反思自己的错误，或者征求你的看法，看爸爸为什么错了。"

不久，我和太太又起争执了。我忽然发现孩子拉了拉我的衣角，我很疑惑，难道自己错了？不过，我说到做到，立即闭嘴。等情绪平静下来后，我诚恳地问她："爸爸错在什么地方？"她说："爸爸，不管怎么说，你发火不对，你不应该对妈妈发火。"

通过这件事我才发现自己太强调对错了，事后，哥哥姐姐也说我在家是"常有理"，总喜欢争辩。我采纳了孩子的说法，开始改变自己。

通过这件事，我发现孩子在心态上有了变化，她觉得自己是家中重要一员，说话起作用了，爸爸看得起她了，她有话语权了，还影响了爸爸。从此以后，她也不用拉衣角了，能正常参与到家庭事务中了。

这是让女儿发生巨大变化的第一件事。

那么，在家庭生活中，该如何科学使用话语权教育孩子？

让孩子决定自己的事情

在我们家，只要是孩子自己的事情，我只给出建议，最终的决定都由孩子自己做出。小到为自己日常生活中的琐事做主，如卧室要买什么样的写字台，要买什么样的衣服、鞋子，自己的零花钱、压岁钱怎么用，等等；大到做出学习生活中的重大决策，如课外班的上和停，上哪个初中，到美国上高中，等等。

女儿自己决定自己的事情，变得特别自信、有主张、能量高。

孩子的某些特别愿望，需要我们配合的，我们也尽量满足她的需求，比如：同意女儿养宠物狗，虽然住楼梯房不方便；同意拍全家写真照，虽然我个人不想拍这类照片；同意穿亲子装旅游，虽然女儿挑的亲子装是我绝对不会选的；女儿读初中时坚持接送女儿上学、放学，虽然我的工作也很忙；同意女儿去美国参加完她的高中毕业典礼后的美国自驾游计划，虽然我英语不好，也不习惯美国的交通规则……

女儿的心愿得到了满足，变得特别快乐，能量也变得越来越高。

在孩子为自己的事情做出决定的时候，我具体是如何做的呢？下面我选其中三个例子来具体说说。

孩子决定课外班的上和停

现在有很多孩子都上课外班。这些课外班，有些是文化补习班，有些是才能、技能方面的兴趣班。我发现有的孩子的课外班是自己报的，有的是父母给安排的，好像这样下去，孩子就能成才似的。

如果你的孩子刚开始喜欢，学到半路又不喜欢了，你能痛痛快快地同意他不学了吗？

我的孩子从小报什么课外班，都是她自己决定，我只是告诉孩子："我的想法是不想让你报文化课的课外班，因为在学校会学，只要用心学，你一定能学会、学好，所以没有必要报。"女儿小的时候没有报过文化课的课外班，报的都是学校里没有的，她喜欢的。如果她一直喜欢学，她就学下去，如果中间她不喜欢学了，我会问一问原因，说一下自己的想法，如果她真的不喜欢学了，我就会同意她的想法，她的事情她做主。不会因为钱还没有消费完，就让她坚持下去，或者为了培养她所谓的毅力、持之以恒的精神而逼她学下去。

人对很多的事物都会产生兴趣，想学一学，这是正常的。经历过以后，如果真的不喜欢，想放弃，这也是很自然的事。孩子能喜欢，为什么就不能不喜欢呢？能选择开始，为什么就不能选择放弃呢？

接送孩子上学、放学两年

女儿上了四中，有一天她说："爸爸、妈妈，我感觉你俩都不在乎我了！"我就说："每个父母都爱自己的孩子，女儿为什么有这种感觉？"她说："爸爸您看，每天早上我很早上学，中午在午托吃饭，晚上回到家还有很多作业要写，有时候写完作业时您和妈妈已经睡觉了，周末您和妈妈又上班去了，就我一个人在家。我就觉得你俩不在乎我了。"

女儿说的这些都是事实，却不能改变，因为我们办的是培训学校。我立即对女儿说："从明天开始，爸爸每天开车送你上学、放学。"在路上，我就和女儿聊天，聊女儿学校里、班级里每天发生的事。我从来没有批评，只是倾听。女儿就这样度过了初中的生活，她感到很幸福。

女儿提出任何想法，我都会立即重视。有很多的父母，孩子有什么事对自己说，经常敷衍、应付，甚至还批评孩子这是不对的。我见过一些所谓的"有问题"的孩子，为什么有了问题？他们有个问题对父母说了一年、两年、三年……父母总是不在乎，或者指责他们不应该、不对，结果孩子有心里话就不跟父母说了。

同意孩子到美国上高中

女儿初三那一年，她的表哥因为结婚从美国回来。她表哥在美国康奈尔大学读的研究生，之后留在美国工作。他们聊了美国的一些情况，女儿有了去美国上高中的想法。

其实我是不想让女儿去美国的，因为我看国内播报的新闻形成的印象是美国乱，可是我又不能因为自己的想法阻挡女儿，我对女儿说："爸爸对美国不了解，有很多的疑问，你如果能解决我所有的疑问，爸爸就支持你。"

女儿就从网上买了好几本在美国上学的学生写的书，书里真实地写了美国的教育、美国的生活、美国的文化，她通过看这些书，基本上达到了对美国了如指掌，我有什么疑问，她立即给我解释。她把我的所有疑问解决了，我说："女儿，爸爸同意你去美国了。"然后我全力支持她。

最后，女儿顺利地去了美国的蓝带高中——山谷基督中学（Valley Christian Schools）。这是一个对女儿一生产生重大影响的决定。

保持良好的夫妻情感关系

为人父母者，想要孩子幸福，夫妻两个人的关系要很亲密，而且要当着孩子的面表现出来，比如拉着手、搂着腰、互相靠着等，还要时不时郑重其事地给孩子说对方的优点。

我们在孩子读高中后，还会这样做。和孩子在网上视频的时候，我就和她妈妈非常亲密地搂着、靠着，她妈妈还不好意思，女儿说："妈妈别不好意思，哪个孩子不愿意看到爸爸妈妈很亲密啊？"

中国人往往比较含蓄，情感不习惯表达出来，尤其是当着外人、孩子的面的时候，可是，这样做对孩子的成长特别有益，为什么要受观念影响而不去做呢？

公平公正对待每个孩子

如果你家有两个孩子，或者是你家族中有多个孩子来你家，你该如何对待每一个孩子，让每一个孩子都健康地成长呢？

来向我咨询这个问题的人，他们普遍都有这样的信念：大的让着小的，男的让着女的，"厉害"的让着"弱小"的，等等。为什么是他们来咨询呢？因为，他们的这些信念是不正确的，这些信念是他们家庭中很多矛盾甚至是仇恨的导火索。

有这样信念的中国人很多。

我曾接待过一个妈妈，她有一对双胞胎女儿，当时是七八岁，两个女儿的性格特点不一样，一个外向，一个内向。在玩耍的时候，小孩子发生争执和矛盾是正常现象，不过，妈妈总是认为是外向的欺负了内向的，正好，外向的也是姐姐，所以，她总让外向的让着内向的，姐姐让着妹妹。可是她发现问题不仅没有解决，矛盾还越来越尖锐。有一次，她在解决完两个孩子的冲突后，悄悄地在隐蔽处观察，发现外向的更加凶地欺负甚至打内向的。

这个妈妈的做法，等于是偏向那个内向的孩子。外向的孩子就会想：同样是妈妈的孩子，凭什么妈妈偏向她，给她更多的爱，甚至夺走了我的爱呢？就会产生嫉妒、仇恨的情绪。所以妈妈越这样做，外向的越嫉妒仇恨内向的，当着妈妈的面不敢，但背后会越加欺负内向的。妈妈不正确的信念导致了这个后果。

正确的做法是什么呢？发生矛盾后，给一样的爱，同样地对待，公平公正，每个人对的地方得到表扬，不对的地方得到提醒和指正。这样孩子之间就会没有矛盾，每个孩子都能身心健康地成长。

我自己又是如何发现这个道理的呢？

我的女儿有一个妹妹，是她大伯家的，比她小四岁。在她六七岁大的时候，妹妹两三岁，那个时候，妹妹就开始找姐姐来玩了。我那时也有信念——大的要让着小的，姐姐要让着妹妹，所以，侄女一来，我就让女儿把玩具给妹妹玩，把好吃的给妹妹吃，结果，我发现女儿特别不欢迎妹妹来家里。我还给女儿讲道理，说我和她大伯是什么关系，都是爷爷奶奶的孩子等，但是，无论怎么讲女儿也不欢迎妹妹来，只要一听妹妹要来，就赶快把自己最喜欢的玩具藏起来。我发现我的做法解决不了实际问题。

我就和女儿做了一个沟通，我问她："有个妹妹一起玩多好啊，为什么不喜欢妹妹来呢？"她就说了："两个人玩是好，可是她来了，我最喜欢的玩具就得让给她。"我就对女儿说："妹妹是爸爸的侄女，她来咱家不让她玩玩具，爸爸认为这是不对的。"女儿说："我也不是不让她玩玩具，可她要的都是我还没有玩够、最喜欢的玩具。”

从那以后，我就再也没有让女儿让着妹妹，如果侄女来找我说她想玩姐姐的什么玩具，我就对她说：“那是姐姐的东西，你得问一下姐姐，她同意你就玩，她不同意，你有办法让她同意吗？如果你没有办法，叔叔可以教你。”如果侄女经过努力还是没有得到女儿同意，我给侄女再买一个都行，绝不参与进去，绝不侵犯女儿的权利。另外，我也不能把侄女变成依靠我这个叔叔侵犯姐姐权利、不讲理的人。

结果我发现，从此以后她俩相处得特别好，姐姐爱妹妹，妹妹喜欢姐姐，妹妹想玩姐姐的什么玩具，就征求姐姐的意见，姐姐也会把自己的很多玩具给妹妹玩，把很多好吃的给妹妹吃。如果姐姐没有同意，妹妹也不哭不闹，下次再来时，可能会拿个什么东西和姐姐交换。反正一切正常了。

真理是，谁的东西谁做主，不经别人同意，不能动别人的东西，如果想玩，可以想办法让别人同意。不偏不向，公平公正，才是给每个人提供了健康的成长环境。

家庭成员互相关爱

我的观点是，家庭中每个人都重要，每个人又是独立的个体，是自由的，亲人之间是互相关心、互相支持、互相爱的关系。

在孩子小的时候，我们一家三口有时会出去吃饭。第一次，我们问一下孩子：“孩子你喜欢吃什么呢？爸爸妈妈爱你，一起去吃你喜欢吃的东西。”第二次，就得问一下妈妈，妈妈喜欢吃什么，我和孩子爱妈妈，吃妈妈喜欢吃的东西。第三次，就得问一下我，我喜欢吃什么，妈妈和孩子爱我，一起去吃我喜欢吃的东西。这就是大家都重要，亲人之间是互相关心、互相爱、互相尊重的。

大部分家庭不这样，每次出去吃饭，都是孩子喜欢吃什么，全家就吃什么，这是只爱孩子。

2015年女儿高中毕业回到国内，她特别想让妈妈穿得好看一些，就说妈妈穿的衣服颜色和款式不对，应该要怎样搭配才对。我就对女儿说："你不能这样对待妈妈。你知道妈妈怎么对待你吗？你穿什么衣服，妈妈都说好看，是因为妈妈尊重你的选择，并不是你的衣服符合妈妈的标准和眼光，这是妈妈爱你的表现。"女儿就问我："爸爸你是怎么对待妈妈的？"我说："你妈妈买什么衣服、穿什么衣服，我就说什么衣服好看，女儿你穿什么衣服，爸爸就说什么衣服好看。"女儿明白了。

这就是幸福美满的家庭。

科学的话语权为什么能决定孩子的能量？其实话语权是一个家庭能量场最直接、最明显的反映，家庭中有什么样的能量场，就有与之相对应的话语权的使用方式。

庄稼茁壮成长需要肥沃的土壤，学生学习需要学校浓厚的学习氛围，企业持续发展也需要一个健康的企业文化，孩子健康成长需要家庭有一个正能量场。这个正能量场是否存在，集中体现在你家孩子是否拥有话语权以及你家的话语权如何使用。

科学使用话语权的家庭中有善良、真实、尊重、民主、自由、平等、重视、互相关心、互相支持、有爱心、接纳、会沟通、理解、通情达理等能量。这样的能量场、家庭文化培养出的孩子自信、有参与精神、果断、有主见、会沟通、善解人意、文明……这样的人能量高、有素养、素质高、品性优良，长大后成家、工作，在家庭、团队、集体生活中水平高。

没有科学使用话语权的家庭中有不善、虚伪、歧视、专制、不公平、不会表达爱、以大欺小、抱怨等能量。这样的能量场、家庭文化培养出的孩子自卑、萎靡不振、没有目标、没有方向、没有活力、不会沟通、互相冷落、忽视人、封闭自己、不明事理、强词夺理、霸道……这样的人能量低、无素养、素质低、品性差，在家庭、团队、集体生活中难以融入。

家庭能量场、家庭文化是影响孩子、教育孩子最大的因素，起最核心的作用，是“道”，是根本，其他的教育、培养都是具体的做法，是“术”。

能量高的孩子长大成人后会有更多的话语权。在孩子成长过程中，让孩子有话语权，就是在培养孩子的能量、素养、素质，让他成人后有话语权、会用话语权。所以，为了孩子的未来，一定要从孩子小的时候做起，重视他，让孩子能对自己的事情做主，并且在家庭中发挥必要的作用。

第二节

按规章制度办事

规则是人类根据事物的发展规律制定的、约束自身行为的规范和准则。

一、制定家庭规则的重要性

没有规矩，不成方圆。

任何单位、组织都有规章制度。比如，班级有班规，学校有校规校纪，企事业单位、社会团体有自己的规章制度，国家也有宪法和各种法律条文。

做任何事也都要遵守一定的规则。比如，马路上得遵守交通规则，红灯停，绿灯行，人走人行道，车走车行道，等等。这些规则是保证道路畅通、人车安全的，需要人人遵守。如果有人不遵守，就会产生混乱和危险。

在团队中，没有纪律、规则，就没有自由。比如排队，人人都排队，速度就快；大家都不排队，都去挤，就很混乱。排队，是守纪律，看上去好像个人自由受到限制，但跟挤到一起比起来还是自由的。人人都去挤，好像个体都有自由，但最后谁都没自由。

在一个组织里，遵守规则要受到尊重，违反规则要受到制裁，要承担后果，这样才会有秩序、有效率。

家庭是社会的基本单位，是社会的细胞，是每个人成长的第一个环境，家庭和谐是社会和谐的基础，构建和谐家庭是构建和谐社会的必然要求，也是构建和谐社会的有效途径，所以家庭中也得有规章制度。家庭有了规章制度就有了秩序，没有规章制度的家庭一定是混乱的。

家庭中最容易忽视的也是规章制度，规章制度也最容易出问题。为什么？其一，有人没有把家庭的成长、发展当回事，他不知道家庭也需要经营。如果办个企业，他觉得需要经营，而成立家庭，开始时花心思经营了，成立以后就不怎么经营了，只顾经营外面的事业、企业。其实在中国的古代，大家族会把最能干的人留在家族中主管家族的事务。其二，因为是亲人，有感情，有亲情，有太多的纠缠，有太多的执着，有太多的希望，所以即使有了规章制度，也最容易不按规章制度办事。

那么，怎样制定、执行规则，才能使亲人之间按规则办事呢？

二、制定、执行家庭规则的原则和方法

让孩子成为规则的主人

规则必须建立在孩子充分理解的基础上。我们要让孩子先懂得为什么需要这一条规则，它带来了哪些益处，它与生活有着怎样密切的联系。只有让孩子理解了规则的意义，规则才能被他很好地接纳。另外，要说明这个规则是爸爸妈妈也要遵守的。

让孩子参与规则的制定过程。参与制定规则不但更有利于孩子认识与理解规则，而且能提高孩子的独立自主能力，增强孩子的主人翁意识，有助于孩子遵守与执行规则。

赋予孩子一定的权利

孩子理解了规则的意义，接纳了它的存在，但若要让他将这种认识内化为习惯性的行动则需要练习和强化。规则大多是比较细致的，孩子光是知道，不进行练习，不把规则从思想上转化到行动上，那就都只是“纸上谈兵”。赋予孩子一定的权利能有效实现这个转化。比如，在与孩子共同制定出“物归原处”的规则之后，可以让孩子当“监察员”，在他的监督下，父母按规则做事，孩子也会照样去做。

让孩子感受遵守规则的乐趣，为违规承担一定的责任

规则是对自由和空间提出的相对的限制与约束，它是一种良好的规范和秩序，可以使每个人的活动得以顺利进行，发挥更大的自由度，

享受到更多的乐趣。孩子如果按照规则做了，父母要及时提出表扬，或者有别的奖励制度，比如记分等。另外，孩子毕竟是孩子，能力有限，错误行为会反复出现。我们应该努力让孩子了解违规的后果，承担一定的责任，比如，停止玩游戏三次。面对严厉的制裁，孩子违反规则的现象会越来越少。

父母要以身作则，树立榜样

父母以身作则、言传身教对孩子来说具有非常积极的意义。俗话说“上梁不正下梁歪”，每个合理的制度如果没有执行下去，有的时候是父母先带头违背。

长期坚持，巩固规则

孩子的行为习惯养成需要一个漫长的过程，只有长抓不懈，才能日积月累，使规则意识得到巩固。规则意识的培养不是在短期内能完成并见效的，它需要父母在日常生活中做有心人，关注点点滴滴，随机渗透，日积月累，这样才能巩固效果，使孩子更主动、自信地适应规则。

三、制定什么样的家庭规则

我认为，首先家庭成员之间要互相关心、互相帮助、互相尊重、有事互相商量，每个人自己的事情能自己做，能遵守承诺，有错能承认并积极改正。家中任何规章制度的执行，都要建立在这个基础上。

另外，家庭中的规章制度，是为了每个人的共同利益而制定的。家是一个集体生活的地方，每个人的生活习惯都要有一些约束，每个人都要遵守共同的规章制度，这样，在有约束的同时，每个人的利益也得到了保证。

家庭中应当同孩子制定什么样的规章制度？

1. 每个人的私有物品神圣不可侵犯，不经别人同意不能乱用。这是尊重每个人的真正表现。当然每个人的私有物品也不能乱放，不能妨碍大家。这样，自己尊重他人的同时，也得到了他人的尊重。

2. 养成物归原处的好习惯。这样做一方面办事效率高，另一方面是保证在集体生活中不被人讨厌的一个习惯。具体可以包括以下三点：

（1）生活上，要做到生活用品用完后归位。

（2）游戏时，要做到游戏玩具、工具用完后归位。

（3）外出时，要做到所用公共物品用完后归位，垃圾放入垃圾桶。

3. 养成良好的生活习惯。具体可以包括以下七点：

（1）早睡早起，10：00之前必须上床睡觉。

（2）睡前刷牙，每天晚上9：30之前完成洗漱。

（3）换洗的衣服，要放在规定的地方，不得乱扔。

（4）吃饭时按时在饭桌上吃饭，不得在床上吃饭，吃饭时不得看电视。

（5）每天定时大便。

（6）饭前、便后、外出归来先洗手。

（7）看电视或用电脑的时间控制在一定时间之内，周末可适当延长。

4. 养成良好的学习习惯。具体可以包括以下四点：

（1）按时完成作业。每天尽可能在学校完成作业，在家写作业时，不管是看电视之前还是之后写，都要做到用心、认真。

（2）学习时要专心致志。

（3）每天在睡觉前收拾好书包。

（4）看完书之后收拾好放回原位。

5. 独立自主，自己的事情自己做。具体可以包括以下三点：

（1）自己完成自己的生活事宜，穿衣、脱衣、吃喝、洗漱等。

（2）作为家中重要的一员，分担一部分家务劳动。

（3）在一定时间内自己游戏，独享自己空间的愉悦。

6. 家庭成员之间互相尊重彼此的兴趣、爱好。具体可以包括以下两点：

（1）在协商好的时间内，不干涉他人的兴趣、爱好，并学会尊重。

（2）他人对某件事情很专注、很投入时，尽量避免武断、粗暴地打断、打扰。

以上这些做法是培养孩子最基本的标准，是帮助孩子社会化的一个方面。人的社会化是指人接受社会文化的过程，即指自然人（或生物人）成长为社会人的过程。每个人必须经过社会化才能使外在的社会行为规范、准则内化为自己的行为标准，这是社会交往的基础。一个人的社会化要经过20多年的时间。

古代的名门望族都重视家庭文化的建设，强调家风，有家规、家训、家戒等，这些是他们成为名门望族的原因。大家如果有这方面的兴趣，可以对此进行进一步的学习和研究。

四、用规则管理电脑、电视、手机的方案

电视、电脑、手机如何使用，是很多家长头痛的事情。很多孩子在电视、电脑前一待往往就是好几个小时，手机不离手，不仅影响视力，而且影响学习。对此，很多家长没有办法管，松不得，紧不得。松了，管不住；紧了，孩子逆反。不说，自己心里实在难受，说吧，又怕孩子生气，真是恨不得拉闸停电。看着孩子没完没了地看电视，玩电脑、手机，只能干着急。

怎样教育孩子正确看电视，玩电脑、手机呢？下面我介绍一下我是如何做的，也许能对大家有些启发。

首先，我告诉孩子：“爸爸允许你看电视。看电视就像看书一样，是学习，能学到很多知识。你喜欢看电视，就是爱学习，爸爸太高兴了。咱们家买电视就是给你看的，你看不够的节目、动画片，爸爸都把光盘买回来，更证明爸爸是支持你看的。

“但是，长时间地看电视很影响视力，电视也有辐射，不利于身体健康，爸爸很替你难受，很担心你戴上厚厚的近视眼镜，干啥也不方便。

“每天，你第一喜欢看的节目爸爸一定让你看，第二、第三、第四喜欢的也可以看，但中间一定要休息。同时，如果看电视影响了休息、写作业、户外活动、交朋友、玩、弹电子琴、画画等，就要去掉最后一个喜欢的，如果还有影响，就要再去掉一个，直到不影响为止。”

孩子很乐意。

以后，当孩子看电视时间长了时，我就提醒孩子中间该休息一下，拉着孩子到窗口，看看远处，做做眼保健操，然后再接着看。一有孩子最喜欢看的节目，就赶紧喊孩子看。她喜欢的节目一播完，就提醒她别看了。

刚开始她基本上都能接纳。发展到后来，她喜欢的节目一播完，她就主动关了电视，开始吃饭，开始学习。每次我都举起大拇指，为她的进步欢呼：“了不起，太好了，进步真大！”

偶尔会有一两次，她被电视节目强烈吸引，已经听不见我的提醒了，我就利用一分钟批评法，站在她的跟前心酸地说：“你是爸爸唯一的女儿，看这么长时间电视，严重影响身体健康，爸爸心里特别难受，爸爸特别难受，爸爸特别难受。”孩子扭头看着我，一下关了电视，我紧接着举着两个大拇指说：“了不起，好孩子，真是大英雄，能控制自己，能战胜自己！”

以后，她再出现类似的情况，我还是这么做。其实这种情况只出现过两次。

有的时候，孩子特别喜欢的动画片在吃饭时播放，她总是看得入迷了，忘了吃饭。我就灵活处理，我提醒一下她吃一下，如果提醒了不吃，就不能看了。我还特别肯定孩子：“你能一心两用，了不起。”

我就这样指导孩子看电视。经过一个多月的时间，我发现孩子已能完全正常地使用电脑、电视、手机。

现在很多孩子在看电视，玩电脑、手机的问题上让父母们很伤心，问题出在哪里呢？

第一，父母和孩子的沟通不到位，孩子根本没有理解、领会父母的意思。

第二，父母的管教方法不得当，让孩子感觉到这么好的节目，父母为什么不让他看。

第三，父母太强调学校里的语文、数学等学科的学习了，不把看电视当作学习。

第四，有的父母听专家说，边看电视边吃饭，影响身体健康，可是忘记了生气更影响身体健康。我对女儿说：“别人一旦一心两用，就会啥也干不好，我的女儿厉害，能做到一心两用，两不耽误。”

五、执行家庭规则的注意事项

时间先后不重要，认真才重要

很多父母、老师会要求孩子放学回家后先写作业后看电视。他们认为这是一个好习惯。事实上，很多时候根本就执行不下去。就这种情况，他们来找我咨询。

我的观点是，写作业在看电视之前、之后都可以，时间上的先后顺序不重要，用心、认真去写才是最重要的。我还发现只有一部分学生愿意一放学就写作业，但是相当多的学生不愿意这样，他们想先玩一会儿，或者是先看一会儿电视再写，但是写的时候会用心、认真去写。我认为这样也是可以的。

可是有很多父母和老师一刀切，认为先写作业后看电视才是让人成功的习惯，于是要求所有孩子都得这样做，结果造成一部分孩子更加不愿意学习。

我曾经和女儿沟通周六、周日的作业到底怎么写。我问女儿："爸爸发现，有的时候，你周五就把作业全写完了，周末痛痛快快玩，做别的事情；大多数时候，你是周五写一部分，周六、周日再写一部分；还有个别时候，你是拖延到周日的晚上 9 点还没有写完，爸爸不让你再写了，你还在很着急地赶作业。哪种方式你觉得最让人舒服呢？"女儿说："周五就把作业写完有一种成就感，可是比较累；第三种情况当然特别让人着急；最舒服的是第二种。"所以，我就让女儿一直用第二种方式来写周六、周日的作业。

还有一点，学习是脑力劳动，在学校学了一天，回到家如果孩子想休息一下，换一下头脑再学习，我觉得这是正常的。咱们可以换位思考一下，大人工作了一天回到家，有多少人回到家的第一件事是再工作呢？我想没有多少人是这样做的。这是一个好习惯吗？我想也没有多少人是这样认为的。

不能孤立培养独立性

让孩子自己的事自己做，这是培养孩子的独立性，是每个父母都会注重培养的。可是，这不能孤立应用。如果你孤立应用的话，就会遇到这样的情况：当你让孩子帮忙做事时，孩子就会说自己的事自己做，而不帮你。所以，要综合应用，告诉孩子家人之间还应当互相帮助。

比如，我有一次看见女儿坐在饮水机旁边，就客气地对她说："女儿，帮爸爸倒杯水吧。"她说："自己的事自己做。"我说："一家人还得互相帮助，现在你离饮水机很近，就帮一下忙吧。"她高高兴兴地给我倒了一杯水。之后，她有一次看见我坐在饮水机旁边，就对我说："爸爸，麻烦您给我倒一杯水。"我一边说一边给她倒了一杯水："爸爸离饮水机近，应当帮一下女儿。"

违反了规则能打吗？

违反了规则能打吗？我不主张打，我主张按制度办事。有些事情难以管理，可以订一个更详细、更严厉的规章制度，如果做不到，可以剥夺他一定的权利，也可以制裁。

比如，在规定的时间内没有结束玩游戏，可以停止玩一次，甚至两次都行，但不主张打。这就像在篮球比赛中，一个运动员在比赛当中犯规了，作为裁判，你可以把球权交给对方，也可以让对方罚球直接得分，再严重的话，你可以把他罚下场，这都是规则里允许的，但我从来没有见过在运动员犯规以后裁判去打他的。

我们是用制度管人，而不是情绪来管。

越难的事，越要有规则

越是难管的事情，规则越要详细，更要有执行力。这对很多父母是个挑战。比如，玩电脑、看电视、玩手机等，越是这样的事情，如果孩子违反了，一定按照制度来，执行力要强。有很多父母，不是执行规章制度，而是发脾气。这是没有用的，因为发脾气代表你内心没有力量，孩子知道你不能把他怎么样，只是发了脾气，他可以继续做原来的事情。而制度的执行才会使孩子真正知道怎么做是正确的、怎么做是不正确的，真正纠正孩子的行为。

在检验、考验中成长

很多事情不是一下子就能解决的。比如，已经和孩子商量好了每天玩一个小时的电脑，你觉得孩子会立刻百分之百做到吗？我发现一般情况下做不到。

我会这样对孩子说：“孩子，咱们检验一下，你能把学习和玩电脑、生活安排好吗？”当她没有完全做好的时候，我会说：“事实证明你的能力还没有很强，那就承担责任吧。”按照制度来，执行完后，又让她继续使用电脑，对她说：“咱们再来一次检验，看你是否进步了。”在这样的情况下，孩子每天都在进步当中。

在干扰中成长

2007年寒假的一个周六早晨，我要去上班。起床后，我对女儿说：“吕卓颖，爸爸出一个智力题，看你能答对吗？”

“××（一个六年级的女孩子）平时不到咱们家玩，为什么寒假老来咱们家玩？”

她说：“当然知道啊，她们家没有电脑，她来咱们家玩电脑。”

我说：“我女儿在没有外人干扰的情况下，把学习、看电视、玩电脑、看课外书、交朋友等安排得很好，很科学、合理地玩电脑。现在来了试金石，不知道是我女儿带领她一起合理使用电脑，还是我女儿被她带领得一起变成电脑的奴隶，没完没了地玩电脑？再说，每一个家长都反对孩子没完没了地玩电脑，如果你让她不科学地使用电脑，被她父母知道了，不仅咱们花了电费，电脑寿命缩短，人家还说是吕卓颖带领她的女儿学坏的，这太不合算了。”

她说：“爸爸，您放心，她今天9点来了之后，我们只玩一个小时。”

中午下班以后，我在外面吃完饭后回到家已经下午1点多了，女儿还在玩电脑。

我就问：“吕卓颖，××来了吗？今天玩了多长时间？是不是很长时间？”

她不好意思地说：“是的，是很长时间。她大约10点钟来的。”

我说：“吕卓颖，你体会一下，在自己本来就想玩的情况下，被别人一鼓动，是不是很难拒绝呢？”

她同意我的看法，我就说："要想带领别人学好，是不容易的。这样吧，下午别只玩电脑，一定把澡洗了。"

下午，她早早地停止了玩电脑，把澡洗了。

没过几天，又来了一个初一的女孩子，也是来我们家玩电脑。女儿发现这些人都是每天只想着玩，不学习的人，就对我说："爸爸，我想把这些人从朋友中过滤掉。"

我说："太好了，我女儿有这个想法，太宝贵了！不过，只要我女儿能分清哪些是真正的朋友、哪些是虚假的朋友就可以。对待虚假的朋友，也要尊重人家，不是不让她们来咱们家，不是不让她们玩电脑，而是让她们在你的带领下，合理地使用电脑。为了防止她们不合理使用电脑，你可以在一开始时就提醒她们：'我让你们玩，不过只能一个小时，你们同意，我就让你们玩，如果不同意，就算了，别玩了。'她们一定会答应的。"

以后，她在这方面就处理得很好，既尊重了朋友，又不让对方没完没了地玩。

第三章 品格、能力的培养

第一节

培养孩子六种品格

一、关注成长与进步

孩子本身就处于成长阶段，不管孩子做什么、学什么，每个父母都想让孩子成长、进步。但是孩子还小，我们不应该把注意力放在结果上，一味地强调结果，反而会让孩子放不开手脚，放不开心情去做。所以，想让孩子成长、进步最快，作为父母和教育工作者，我们就应当把我们的注意力放在孩子的成长、进步上。

下面我结合我对吕卓颖的教育，说一下具体怎么操作。

10 元钱换来的进步

我记得女儿上一年级时，我决定每月给女儿 15 元的零花钱，女儿特别高兴。没多久，女儿就丢了一张 10 元钱。我就问女儿她的钱是如何保存的，她说她把10元钱一直握在手心。我就耐心地给女儿讲这就是丢钱的原因，因为女儿是人生第一次每月有固定的收入，特别珍惜，所以一直把钱握在手心，时间一长，可能就忘记了，如果要干什么事情，手一伸开，钱也就丢了。女儿明白了。我又教会她把钱放在口袋里。从此，女儿一直没有再丢过钱。

后来，女儿人生第一次买了一个自己最喜欢的钱包，她把钱全都放在钱包里，准备带在身上。我就提醒女儿，万一钱包丢了，那所有的钱就都没了。因为女儿有上次的经历，所以她很容易就理解了。她把大部分钱放进钱包留在家里，只把要花的钱带在身上。

我之所以能耐心地对待孩子丢钱这件事情，就是因为我把精力放在让孩子成长上。所以，遇到这种事，家长最重要的是看到孩子成长的地方，而不是丢钱这件事情。

心爱 iPhone 的命运

我的女儿从初中开始用手机，她的第一部手机是价值1500元的诺基亚520，一用就是好几年。高中她在美国上的，她的同学几乎都用最新款的iPhone手机，她一直使用的是2000元左右的普通手机，其间不是坏了，就是功能不够用了。经过几次后，她说："我用的手机前前后后的花费已经比买 iPhone 手机还多了，还不如买一个 iPhone 手机呢！况且我不是追求潮流，我喜欢的是 iPhone 4s，也不贵。"当时 iPhone 5s 都出来了。就这样，在旧手机坏了后，她买了一部 iPhone 4s 手机。

她特别高兴，可是还没到一个月的时间，她的新手机就丢了。同学们都建议她别告诉爸爸妈妈，她说："为什么不告诉呢？告诉了爸爸妈妈也不会批评的。"因为我们家已经形成了一种习惯，事情没有做好，从自身找原因。她认真地反思自己：手机为什么会丢呢？结果她发现了自己好几个需要提高的地方。这样，她不仅没有因为丢手机而难受，反而特别高兴，因为她通过这件事发现了自己不足的地方，又成长、进步了。

如果一个人能把关注的核心点放在自己的成长和进步上，而不是丢东西上，那就会坦然面对这件事。丢东西已经不是最重要的，重要的是自己的成长和进步。如果一个人总是关注自己的成长和进步，那他就成长和进步很快。

在女儿成长的过程中，她还丢过两次电动车，在高中阶段还丢过钱。我记得当她在视频中难受地跟我和她妈妈说这些事情的时候，我总是跟她说："已经过去了，放下吧。"我们不把精力放在让孩子难受的、已经无法改变的事情上，我们关注的是放下这些，去开心地生活和学习，去做当下应该做的事情，如果通过这件事情能让孩子成长、进步，那更好！即使不能有什么收获，那放下过去，活在当下，也是我们应该有的样子，而不是总活在过去让自己难受的事情上。

当别人都在说犯错误的时候，我们在庆祝成长、进步。甚至我认为无论做任何事情，我们没有人能做到一次性做对，都在探索、研究怎样做才是对的。我认为每当没有做对的时候，我们就已经有收获了。知道了这样做行不通，再去积极寻找其他的方法、其他的可能性，这本身就是收获。就像爱迪生发明电灯的过程一样，用什么材料做灯丝呢？当他做了1500多次实验都没有找到适合做电灯灯丝的材料时，有人嘲笑他说："爱迪生先生，你已经失败了1500多次了。"爱迪生回答说："不，我没有失败，我的成就是发现了1500多种材料不适合做电灯的灯丝。"

在教育培养孩子这件事上，我们对孩子要永远持这样的态度：让孩子大胆去尝试，大胆去做。这才是成长最快的方式。

我们成年人怎么面对孩子在成长过程中所犯的错误呢？其实教育者本人的能量到了一定的高度，就不会抓住孩子的错误不放，而是理解孩子、宽容孩子，明白很多的错误，都不是孩子故意犯的，只是过失，教育的重点是要允许孩子犯错误，让孩子在犯错误中成长和进步。

有所失就有所得，要想有所得就得有所失。我们要明白这个道理，要让孩子在成长过程中也明白这个道理。我们不要把目光只盯在失去的财物上，更要盯在失去这个财物让我们明白、懂得了什么，有了什么收获。这就是成长了。

二、独立自主

身为父母的核心任务是什么？我认为是为和孩子分开做好所有的准备！

父母迟早会离开孩子。与父母分离之后，孩子有能力生活得幸福吗？他有本事把自己照顾好吗？

我说的是做好准备，而不是做准备！什么是做好了准备？就是孩子离开父母以后，会生活得很好，很幸福，很有能力，别人认为他卓越！

如果父母重视孩子的独立性的培养，这个工作要从小就开始。

在孩子读学前班、一年级的时候，我阅读过《生存教育在美国》这本书，所以我从那时起就特别重视这方面的教育。女儿在美国上高中的时候，我也去过美国。我发现在美国，孩子在 18 岁之前，孩子上学时，父母还要开车送孩子。因为学校离家太远，同时，孩子没有满 18 岁都是未成年人，在任何地方，孩子是不能单独行动的，必须有父母的陪伴。那为什么美国的孩子独立性要强一些呢？我细心琢磨，得出一个结论：能让孩子独立的核心因素是把孩子当作独立的个体来对待。

我认为要培养孩子的独立性，第一，要让孩子做一些力所能及的事，孩子自己的事情自己做；第二，要零干扰孩子的决定，孩子的事让他自己做决定；第三，也是最重要的，是把孩子当作独立的个体来对待。按照这三种方式做，一定能培养出一个能独立生活得很好的健全人来。

我的孩子在五六岁时，我就让她学会自己的事自己做，而且让她以此为荣。她自己洗袜子、洗内裤，给爷爷、爸爸妈妈端水、端饭，一年级开始自己叠被子，三年级时自己洗澡……她也觉得自己很棒，自己特别优秀。

另外，我还让孩子从小学会自己的事情自己做主，自己做决定，我不会干涉。这个方面是在她一年级的时候，就开始有意识地培养了。在这个过程中，并不是不管孩子，只是帮她分析各种做法的利弊，然后让她做决定。

爱一个人就支持他！最利于孩子成长的方式是零干扰孩子做决定。

我一直这样培养女儿。她上了初中，在了解了同学的家庭情况后，曾经感慨地说："咱们家和别人家不一样，别人是自己想做什么事情，父母大部分不同意，咱们家是，我想做什么事就去做，然后给父母分享我是如何做的。"

我在女儿刚上学的时候，就在心里暗暗下了一个决心：美国的孩子 18 岁就能独立，中国没有这样的环境，可是我要朝着这个目标前进，我要尽力让孩子在 18 岁能独立。那时，她离开父母也会生活得特别好，而且是方方面面都好，不是只有学习好！

在中国，因为是应试教育，大部分的父母都忙孩子的学习了，很多家庭根本不管孩子独立生活能力的养成，或者是重视的程度太不够了。所以我要提醒父母们，独立是幸福、卓越的前提，爱一个人就让他能独立！

三、心胸宽广

同样多的两包盐，一包倒到杯子里，一包倒到湖里，水的咸淡一样吗？显然不会。为什么？因为杯子容量小，湖的容量大。所以，如果人的肚量只有杯子那么小，那人生尝起来一定是苦的，看这不顺眼，看那也不顺眼。如果人的肚量像湖一样宽广，那人生尝起来是什么味道？甜的，不会跟人家计较，心广天地宽。

心小的人只能装少的人、少的事；心大的人能装下多的人、多的事；心大到宇宙的人，能装下芸芸众生，爱所有的人！而且心大的人生活、生命的质量高！

我相信没有父母想让孩子成为心胸狭窄的人，但很多父母都不自觉地做着让孩子的心往狭小变化的事情。比如，有的父母不让孩子和某个同学玩，理由是对方学习不好，或是没有礼貌，是穷人，出身不好，等等；还有的父母说胖的人不好、矮的人不好，有的说眼睛小的人不好、鼻子低的人不好，等等。这些都是让孩子的心变得越来越小的说法。一个人如果真的变成这样，有这样的信念和想法，那么，他的心里就装不下这些人，甚至见到这样的人，他自己的心都难受！

我在孩子小的时候，就教育孩子，每个同学都是好孩子，你可以放心和他们玩，他们即使有一些不文明、不好的行为，也是受到了环境的影响，他们本质上还是好孩子。我还特别强调，别的家长限制孩子跟别人玩，担心孩子学坏，我对你很放心。我亲切地对她说："我的女儿怎么能跟别人学不好的东西？我的女儿会领着大家一起学好。"

这些都变成我的口头禅了，每次孩子出去和别人玩，我都这样说。当然每次玩完回来，也要和孩子沟通一下，他们玩了什么，怎么玩的，什么是好，什么是不好，可以及时纠正孩子的行为。不过，我要强调一点，孩子辨别是非的能力也不小，别小看他们。

所以，我的孩子是什么人都能成为她的朋友。在班级里，她能跟学习成绩好的人玩在一起，也能跟学习成绩不好的人玩在一起。

心胸开阔的人对人的评判少，或者是没有，他能从内心接纳这些人，尊重他们，也能帮助这些人取得进步。

女儿到美国上高中，她也是用心对待不同文化背景的同学，不会因为文化的不同而拒绝别人。她上高中期间在三个寄宿家庭住过，虽然都是美国家庭，但每个家庭的文化完全不同，她都能相处得非常好。她发现三个家庭都充满了爱心，爱的方式虽然差异很大，照顾她的方式也完全不同，但都是把最好的照顾给了她。这些都得益于她小时候受的教育。

四、成就他人的心

一个人的人生能否幸福成功，和这个人是否发挥了自己的优势、优点有很大的关系。一个人能否成为一个有影响力的人物，在于他造就了、成就了多少人。一个人要想成就、造就他人，有一个特点很重要，就是他能否发现他人的优势、优点，并有一颗造就、成就他人的心。

我的女儿是 1995 年 3 月出生的。当时，我是一名中学数学老师。

女儿出生后，妻子就买了一些教育孩子的书让我看。我当时认为没有必要，觉得自己本身就是一个教育工作者，不需要学习别人的。直到女儿上小学一年级后，我发现有些问题我没有办法解决，这才想起妻子早就买的书。看完《赏识你的孩子》后，我开始表扬孩子，肯定孩子，鼓励孩子。

不过，有个问题我得测试一下：女儿长到了六七岁，她如今对这方面有什么看法呢？

有一天，我跟她说："人人都有优点，学习好的学生有优点，学习倒数第一名的学生也有优点。"我的话刚说完，她立刻反驳说："倒数第一名的学生哪有优点？要说他们的缺点，这么多；要说他们的优点，一个也没有！"她一边说一边张开双臂，形容他们的缺点特别多。

我一看孩子这么小就先看到别人的缺点，一点儿也不能发现别人的优点，耐心地对孩子说："人人都有优点，即使倒数第一名的学生也有优点。比如，他们抗挫折的能力特别强，他们不怕失败的精神就特别好。他们虽然是倒数第一名，但还能坚持上学，有的还很乐观。学习第一名的学生也不是全优，他们也有不足。比如说，他们特别害怕考不好，一退步就难受得不得了。这一点他们就得向倒数第一名的学生学习，因为人生需要这种精神才能生活质量高，干任何事都需要这种精神。"

女儿认真地听着。不过，她也不是一听到这个说法，就立刻完全转变。

于是，我对女儿说："女儿，你很幸运当了我们的孩子，我们常常说你的优点。那些倒数第一名的同学，学习成绩不好的孩子，虽然他们的父母也爱他们，但他们的父母往往都只说孩子的缺点和不足，所以他们不爱学习，缺点很多，也不开心。他们很可怜，需要帮助。帮助他们的方式之一，就是发现他们的优点，并告诉他们。”为了让女儿更有信心，更有兴趣，我又说道：“我的女儿特别善良，特别有爱心，特别爱帮助别人。同时，你的观察能力也很强，一定能做到！再说，你还是班长，有责任帮助这些同学。”

我和她商量，从第二天开始找倒数第一名同学的优点，并告诉他。女儿疑惑地问我：“爸爸，你为什么让我做这件事情啊？”当时，我也不知道怎么回答好，就说：“爸爸现在不告诉你，等你做到了，爸爸再告诉你吧。”女儿同意了，从第二天开始做这件事。

第二天早晨女儿上学前，我提醒她：“别忘记那件事啊，去帮助倒数第一名的同学！”她点头答应。

中午放学回来，我以为她一下子就能做到，就急切地问她：“找到了吗？”她说：“爸爸，我忘记了找。”我没有失望，继续信任她、鼓励她，就说：“我知道我的女儿是一个有爱心的、爱帮助人的人，而且观察力也足够强，一定能发现别人的优点并告诉他的。”

下午上学前，我又提醒她一定记住那件事！晚上见到她就问：“找到了吗？”她说：“爸爸，我今天记得观察了，可是没有找到。”

我又鼓励道：“反正我知道我的女儿是一个有爱心的、爱帮助人的人，而且观察力也足够强，一定能发现别人的优点并告诉他的。”

就这样，每天上学前，我提醒她，放学后，我就问她找到了吗，没有找到的话，我就鼓励她、信任她。

大约过了 10 天，有一天下午她放学回家，我正在厨房做饭，听到她在楼下就兴奋地大声喊："爸爸，告诉你一个好消息！爸爸，告诉你一个好消息……"我早早地把门打开，在门口等着她，她一进门就兴奋地对我说："爸爸，我发现凯莉同学的一个优点，还告诉她了。"我问她："人家什么反应？"她说那个同学特别高兴。

我郑重地对孩子说："这就是让你做这件事的原因，发现别人的优点，并告诉他，别人快乐，你也快乐！"

为了让女儿愿意接着做下去，我故意惊讶地说："想不到还不到 10 天，你就完成了一件艰巨的任务，我还以为得要 30 天呢。第一件事，你完成得特别漂亮。那么接下来找倒数第二名同学的优点，再告诉他。"女儿高兴地同意了。

我的做法和以前相同，她上学的时候，我提醒她，一放学就问她找到了吗，她如果没有做到，我就信任她、鼓励她。

这一次，不到一周的时间，她就完成了，她又兴奋地告诉了我，我一如既往地肯定了她。接着布置下一个任务，让她找下一个同学的优点，再告诉他。

我也曾经问过她发现的别人的优点是什么。我印象最深刻的是，倒数第一名的同学的优点是给了校门口的乞丐一元钱。就这样，女儿从倒数第一名的同学找起，一直把全班同学的优点全找到，并告诉了对方。当时，她全班同学有将近 70 个人呢！从那时起，女儿的人生开始改变了，变得自信了，变得开心了，人际关系更好了，同学们都很喜欢她。老师也喜欢她，因为她也能发现最凶的老师的优点，并且用合适的方式让老师知道。

女儿用两三个月的时间，找了全班同学的优点。

有一天，孩子高兴地对我说：“爸爸，以前我是班长，同学们都不敢和我玩，对我敬而远之，现在同学们都喜欢我，特别愿意和我玩，我太幸福了！”

女儿曾经感慨地说：“爸爸，我发现我们班的同学都是好孩子，虽然有的同学学习一塌糊涂！”

她放学回来，时不时自豪地对我说：“爸爸，今天我又赏识了一个同学！”

后来，女儿以很高的得票率当选三好学生和体育班长就不奇怪了。

现在，大家都知道情商对一个人成才的重要作用，人脉又是情商的一个重要方面。发现一个人的优点还是缺点，是建立人际关系的基础；同时，对企业管理者来说，就是要尽可能地让员工发挥他的长处。所以希望大家注意这方面的教育，这会让你的孩子受益一辈子。

特别要说明的是，如果一个人擅长发现别人的缺点，是很难发现别人的优点的。即使他发现了别人的优点，也不表达，因为他认为发现别人的缺点，并给他指出来，是对别人的爱，是对别人的鼓励，能让别人改正。其实不是这样的，指出优点，是培养优点的最好方式，总是指出缺点，其实是培养缺点的最佳方式。而且看不到别人的优点，总指出别人的缺点，还会破坏情感关系。这并不是说当别人有不足、有缺点时不说，而是先说别人的优点，再以真诚的态度，用让希望别人更好的态度来说他自身存在的不足。这个不足当事人也许已知，也许是未知的，不能强加在别人的身上。

我们学校暑期曾经辅导过一个六年级男生的文化课。这个男生的父母离异，他跟着奶奶生活，学习成绩很差。奶奶对孙子特别疼爱，但孙子总是和奶奶对抗。奶奶到我这儿来了解她孙子的表现情况，我就说特别好。奶奶不相信，感到莫名其妙，为什么在我这里特别好，在她面前就不听话。我问她平时和孙子如何相处，她就说自己总是说孙子的缺点。我问她为什么这样做，她说是为了鼓励孙子好好学习。

总是发现别人缺点的人，要想找到别人的优点，刚开始是要刻意练习的。

有一个快60岁的女士，她是清华大学毕业的。她听过我的课，当听到我的女儿小小年纪就能做到发现别人的优点再告诉别人时，她非常感慨。她是搞科研的，有一个助手，人家跟她干了十几年，她总是看到这个人的缺点。她心里想：人家孩子小小年龄都能做到，我也能做到。接下来她开始找这个人的优点，她用了两个月的时间找到了。同时，她也找到了自己总是讨厌这个人的原因。然后她和自己的助手分享了一下，助手也说，自己这十几年以来当她的助手，真的很累。她们化解了以前的误会，开始愉快地合作了，成了真正的朋友！她还跟自己的孩子说，找别人的优点，这样非常快乐！

人生的意义是发挥自己的优势，有的人之所以成功，是因为他发挥了自己的优势。有的人失败，是因为他忙着改正缺点，没有时间发挥优势。有的人因为从小总是受到批评，过了很长时间，才发现自己的优势。还有的人一辈子也没有找到自己的优势，糊涂、自卑地过了一辈子！

当然，要让孩子阳光灿烂、自信，不是只坚持做一阵子，而是永远这样做，要形成这样的家庭文化。

女儿长大以后，有些时候，评论某个同学她会先说起这个人的缺点，我就会提醒她停止。我建议她先说一说这个同学的优点，她立刻就说了出来。说完后，她说感觉已经没有必要说他的缺点了。

女儿的这个优点，让她受益颇多。举个例子，她在美国上高中的时候，一般是坐北京和旧金山之间的直达飞机。有一次，她为了体验一下转机，回来时先坐飞机到了香港，在香港转机。三个小时后，她准备登上第二趟航班时被告知要延迟登机。就这样一直被告知要延迟、要延迟，直到十几小时以后，通知说航班取消，要在香港住下。这一次转机，用了三十几个小时。女儿说，这期间，几乎所有的大人都在那里抱怨，骂航空公司，她一句话也没有骂，也没有抱怨，只是刚开始有点烦心，不过也只是一会儿。她觉察到了，就让这种心情停了下来，让自己恢复到了平和的状态。那个领他们去入住的工作人员可倒霉了，大家都把怨气撒到他身上。我的女儿和他走在一起，对他说："你真是不容易，又不是你的原因，航空公司也不是故意的。你还不能生气，还得为他们服务好……"结果，这个工作人员把我的女儿照顾得特别好！

中国的古人早就说过：闲谈莫论他人非！我们家就是这样做的。

女儿有了这个基础，我就继续培养她要有一颗造就、成就他人的心。大约在她小学二三年级的时候，学校组织运动会，我就跟女儿谈到，应该以什么样的心态来参加运动会。“假如你跑步是第一名，你就要想尽办法报名参加跑步，因为你最喜欢、最擅长这个，你一定要参加，在学校把自己的才能、特长发挥出来；另一方面，你没有必要一定去参加别的项目，你得考虑让别的同学参加，让他们也把自己的才能、特长发挥出来。让每一个同学的优势、特长在学校运动会上都得到发挥，而不是只让自己发挥优势、特长。当别人的优势、特长发挥出来以后，你只能替别人高兴，不能羡慕、嫉妒、恨，因为你的才能、特长发挥出来后，你是高兴的，所以你得替别人高兴。”

从那时起，女儿心中就有了造就、成就别人的心。在她大学二年级的时候，我问女儿：“爸爸在你小的时候，教育你要造就、成就别人，你还记得吗？”她说：“爸爸，我一直是这样的，不管谁和我在一起，我都想着让他发挥出他的长处和优势。”

五、德才兼备

让孩子过一个幸福的人生！这是天下所有父母的心愿。

那么，怎样能拥有一个幸福的人生？培养什么，让孩子拥有什么，就能让孩子拥有幸福的人生呢？古人说：德乃福报之根本。

什么是德呢？按照规律去为人处世的人就有德，符合人性去做事就有德。

司马迁说，德才兼备是圣人，无才无德是庸人，德大于才是君子，才大于德是小人。在中国，很多父母都特别重视孩子德行的培养。

我教育孩子的过程，就是在培养一个德才兼备的孩子。所以我的孩子特别幸福，每天都很快乐，遇事不纠结。

学习上培养孩子德才兼备

在学习上，我真正做到了培养孩子德才兼备。

当德和学习成绩发生矛盾时，我们取德，也就是以德为核心。反之，当德和学习成绩发生矛盾时，取成绩，就是以才为核心。对品德的培养，要优先于对知识的培养。《弟子规》说："泛爱众，而亲仁，有余力，则学文。"这才是教育的规律。

其实，目前在中国，我们的核心已经放在了"学文"上，本末倒置了。以才为核心来培养孩子，代表性的说法是：只要你进步多少名，考前几名，我就满足你的要求，给你买这买那。诸如此类，就是以才为核心来培养孩子。这样培养的孩子最好的表现是有才无德，大部分则是无才无德。

为什么会这样？因为这样说，就是培养孩子不正确的学习目的，他是为了那个东西而学，得到了就不学了，或者你提出的要求太高，他怎么也达不到。于是，有很多学生就通过歪门邪道来取得高的分数，这不就是无才无德了吗？有些人幸运，通过自己努力真的达到了父母的标准，得到了自己想要的东西，不过得到以后也就不学了。甚至他还反过来威胁父母，让父母满足他的意愿，如果不满足，他就不学习了。为什么发生这样的事情？就是因为成年人是以才为核心来培养孩子的，所以正好让孩子成为一个无德的人。他们还以为才高八斗就能幸福一生，得到重用呢！不是的，这样的人，往往会成为恃才傲物、怀才不遇的人！

以德为核心来培养孩子的家长，是如何和孩子说的呢？“孩子，只要用心学习，把自己的才能发挥出来，不管你考多少分，排第几名，都是最好的孩子，爸爸妈妈永远爱你！如果你这样做了，成绩不十分理想，老师不接纳，学校不接纳，但你要知道，爸爸妈妈接纳！宇宙接纳！他们喜欢这样的人，会把你照顾得特别好！”

我的女儿听到这样的观点后，就跟我说：“我以前考试时，如果有一个题不会的话，有过想看看别人的想法，以后就不会了，遇到考试不会的题，我会在考试后想办法学会。”

关于这点，有很多典型的例子能说明女儿真的做到了。

有一次，一个同年级的学习优异的学生遇到一个纠结的问题，来问她：“吕卓颖，如果你最好的一个朋友考试时问你一个问题，你该怎么办？”她一点儿也没有犹豫，就说：“考试后给他讲啊！”

女儿一直保持着这种品质，就是到了美国，她也是这样。她刚开始学化学时，还不得要领，化学成绩不太理想。有一次，她发现有人通过作弊取得高分，她想：“即使我考的分数低，我也不作弊。”而在美国，每一次考试甚至每一次作业都是记入总成绩的。

在另一个课堂上，她的周围坐了几个总是作弊的学生。她不想身处这样的环境，同时也不想伤害这些学生，就把这几个学生召集在一起，开了一个轻松的会议。她先是劝这些同学别作弊了，有人说：“我如果不作弊的话，就不能通过考试。”吕卓颖就说：“如果你们不改，那我就要换座位了。”那几个同学就同意了，而且还佩服地对她说：“珍妮，你真是一个正直的人，做得真‘正’！”

有一次，一位已经考试完的同学，拿着考题对她说：“珍妮，这份考试题给你看，你明天不是要考试了吗？”她说：“我不看。”

女儿告诉我们，高中三年她拒绝了很多次这样的事情。

这也是为什么不管我的女儿离开我们去多么遥远的地方，我们都对她放心的原因之一，因为她有德行，为人处世让人放心！

她为什么能这样？因为我们真的是以德为核心来培养她的。

女儿在三年级的时候，有一次跟我讲她想报一个舞蹈班。因为她周六、周日已经报了一个画画班，还有学校布置的作业，所以我不太同意。她就跟我讲她特别喜欢舞蹈，说服我给她报班，她向我保证说：“爸爸你放心吧，我一定坚持学下去。”我一看她态度坚决，就给她报了。结果她只去了一次，不知道什么原因后面就是不去了。

到了六年级的时候，要选择上哪个初中了。因为她学习成绩优秀，已经被属于我们区的重点初中第三中学提前录取。因为廊坊还有两个重点初中，她还没有确定自己最终上哪个，她就问我让她上哪个初中。我对廊坊的初中的特点一点儿也不了解，就让女儿自己去了解一下情况，然后自己决定上哪个学校。经过几周的了解，她对我说她决定上不属于我们区的第四中学。我问她为什么选择四中，她详细地给我讲了三中、四中、六中的优缺点，她得出结论四中是廊坊最好的初中，所以她决定上这个学校。我就同意她的决定，支持她上四中。

女儿有了这个目标以后，学习比以前认真多了。因为我们不属于四中所属的区，所以要经过考试才能进四中。过了快一个月，我对女儿说：“吕卓颖，我看你最近学习更努力、更认真了，一定距离四中这个目标近了。不过，你觉得有十分的把握，一定能考上四中吗？”她说不能百分之百肯定。我就建议她到四中去向她认识的朋友了解一下，看他们是如何考上四中的。

经过了解，她告诉我，要学习奥数，于是我就给她报了一个奥数班。这是她人生第一次上学科类的兴趣班，她也学得津津有味。

又过了一个多月，我对她说：“你现在学习的劲头很足，方法也对路子，一定距离四中的目标近了。但你有十足的把握一定能考上四中吗？”她说：“还是不十分确定。”我又建议她再去向别的朋友了解一下，看他们是如何考上四中的。

她又向另外的人了解了，她告诉我，还得学习新概念，这样更容易考上四中。她等着我给她报名上新概念，而我无动于衷。过了几日，她提醒我：“爸爸，我得上新概念。”我仍然无动于衷。她一连提醒了几次，我都是无动于衷。她急了：“爸爸，我已经跟你提了几次，我要上新概念，你为什么不给我报？”我说：“你知道原因。”她愣住了，经过认真回忆，她问：“是不是以前报舞蹈班的事情？”我说：“是的，我以前不让你报，觉得一周上两个兴趣班有点多。你说你喜欢，一定能坚持下去，可是只去了一次，就再也不去了。现在又是相同的情况，我怎么信任你呢？这不是我的错，是因为你说话不算数，让我不信任你了。”不过我又说：“要想让我再一次信任你，你得付出更多的努力，我才信任你。”从那一天起，她几乎每天都向我发誓：“爸爸，这一次你放心，你给我报了，我一定能坚持到底。”经过大约一周的时间，我看她决心已经下得足够大，已经体验到说话不算数的滋味，我对她说：“我已经 99.9% 信任你了，可以给你报了。不过，你得坚持到底，我才能 100% 信任你。这一次你如果说到做不到，下一次你得付出更多，我才能信任你。”

这一次报名后，她根本不用大人催，每次都能按时上课。

不过，那些以成绩为核心培养孩子的人，当孩子主动提出要报兴趣班以后，早忘记了要教育孩子说话算数，遵守承诺在先。

从这件事以后，我的女儿就成了一个诚信的人，一个遵守承诺的人。她说：“我做不到的事情，我就承认自己做不到，我承诺的，我就一定做到。”

生活中以德为核心培养孩子

在生活中，我也是以德为核心来培养孩子。

在女儿读二年级的时候，有一次她在家中滑旱冰。我提醒她后，她停了一会儿，不久又开始滑了。结果楼下的人找上门来，说她影响别人学习和生活了。在这件事中，她负了主要责任，我负了次要责任，一起给人家道了歉。

2004 年 9 月 8 日这天，我们一家三口在孩子姥姥家吃饭，得知这么一件事：昨天，女儿和几个同学在玩，弟弟（她舅舅的孩子，小她四岁）想和他们玩，可是，由于弟弟太小，经常误会大家的意思，大家都不愿和弟弟玩，她就编了一个谎不带弟弟玩，弟弟很伤心。

我们得知后，给她说明了遇到这种情况该怎么办：让弟弟自己跟同学们说，看人家让不让他玩，让他玩的话，就跟他说明他得遵守哪些规则，他不遵守的话，就不能玩。于是她向弟弟承认了错误，也知道了以后遇到这种情况该怎么办。果然，她以后没有在这方面再犯错误。

女儿想要我在她12岁生日时送她一个MP4作为礼物，我答应她了。

后来期末考试成绩出来了，在女儿的努力下，她的成绩超过她心里的一个目标11分之多，她非常高兴。以前她俩不相上下，都是班里成绩排名前几名的学生，人家可能有时比她略高。

所以，她就想让我提前给她买MP4。我一向说话算数，说什么时候买就什么时候，而且我从来不把这些和成绩挂钩，不会许诺说考好了就给什么，没有考好就不给什么。她永远是我的好女儿。这个她是知道的，所以我没有答应。

可是女儿实在是想提前买MP4，我就问她："爸爸都答应你了在你12岁生日时给你买，你为什么现在就想要呢？"

她说："爸爸，憋不住了，现在就想买。"

我说："想提前买，爸爸支持，你就想办法实现吧！"

从这天起，以前不积极干的事情她都开始积极干了，比如，洗自己的袜子、内裤，不再拖延时间，很快就洗完了，还时不时地帮助我们打扫房间。

她有时提醒我："爸爸，我干了什么，你看见了吗？"我说："当然看见了。”

她还是想提前买。我总觉得这样就给她买了，不太合适。

在她再一次说起想提前买MP4时，我说：“爸爸一直以为你只是说一说，并没有真的想买！”

她说：“我是真的想买，你没有看见我干了那么多活吗？”

我说：“爸爸记得以前你看了一个节目，你说要给贫困儿童捐款，我发现你只是说了说，没有行动，我以为你只说一说而已；你见人家报了外语特长班，你要学习，爸爸给你买了书，你也只学了不到两周时间，爸爸也以为你只是说一说而已；你说你要早一点睡觉，我见你还是睡得比较晚，我也以为你只是说一说而已；你说你想提前买MP4，爸爸一直以为你也是说一说而已，不是真的想提前买。”

我又接着说：“在生活中，有这么几类人：有的是只做不说，有的是做了才说，有的是边做边说，有的是只说不做。我一直以为我女儿是只说不做呢！所以我没有把你的话当真。除非你把以前说过的话都做了，我才知道我女儿是一个说了就做的人，MP4我就提前给你买。”

我想这次谈话对她影响一定很大。

我在方方面面都注重孩子德行的培养，她也真的成了一个德行好的孩子，也做了很多这方面的事情。

女儿小学一年级时，老师办公室的水龙头滴水，没有人理。她再三地拧紧也没有关住，直到老师告诉她不用关了，老师去换了一个。

还是那个时候，有一次打扫卫生，不知什么原因，同学们都回家了，就剩下她一个人，她没有任何怨言，高高兴兴地把全班的卫生区打扫完了。老师看她一手拿着笤帚一手拿着簸箕，笑着问：“他们呢？”“他们都走了。”“快回去吧，天这么冷……”

还有一次，一位妈妈见到我妻子，对她说：“你家孩子真仁义，我的孩子在班车上吐了，别人都躲开了，是颖颖一个人把呕吐物打扫干净的。”

女儿小学五年级的时候，她手里拿着借来的修正带，被一个同学撞在地上摔坏了，这个同学说与自己没有关系，坚持不赔。吕卓颖承担了全部的责任，赔了人家一个双倍价格的修正带。

女儿读初中时，她管了班级三年的班费。班级发生什么事，老师就问她，因为她说真话。

总之，我是以德为核心来培养女儿的。女儿是一个独立的，对自己负责任的，有爱心的，诚信的，有感恩心的人。

我们要长期重视德行的教育，真正重视德的教育，才能培养出一个有德的人。

“才”是非常容易培养出来的！任何一项才能，不用几年就能培养得非常高。但是“德”可不是三言两语、三年五载就能培养出来的！十年树木，百年树人，这句话不是说培养一个人的才能需要这么长时间，而是说德行，树立人的德行需要时间！

德乃福报的根本，德是才能、本事的航标。不管在家庭、在学校、在社会，一定要以德为核心来培养一个人，所有的混乱、不和谐，基本上都是因为缺少了德！或者是当德和成绩、名次、业绩等发生矛盾时，取了成绩、名次、业绩，而忘记了德。

六、心态阳光

一个人有什么样的信念，就会有什么样的行动，然后有一个结果，也就是说，人们会按照自己的信念来行动。比如，你见到“6”这个数字，你赋予它什么意义呢？有人说“六六大顺”。如果你有这样的信念，正在工作的你会很开心。你见到“8”这个数字，你赋予它什么意义呢？有人说“发财”。如果你是这样的信念，正在做生意的你会很开心。如果你见到数字“68”，此时你更高兴了，因为它代表事情顺利，还能发财。但如果是你的孩子数学考试得到一个 68 分，你会赋予它一个什么意义呢？其实，是你的信念让你要么高兴，要么难受，与这个数字本身并没有关系。

信念有积极向上的，也有消极负面的。我的做法是永远只说积极向上的话，做积极向上的事，给孩子积极向上的信念。

积极阳光，遇事想办法

在女儿上小学一年级的时候，每天早晨她上学前，我都要一口气把她昨天的优点说给她听，我还每天专门记录她的优点和进步，记录了 100 多条。而且每过一段时间，就在全家人面前读一下。

女儿一年级时，我还在石家庄上班。有一次回家探亲，在送女儿上学的路上，女儿提出让我给她买一个二人转用的手帕，我就问女儿：“为什么要买这个？”她说：“电视上经常演这样的节目，而且很多同学都有，他们玩得可好了。”我说：“那就借同学们的玩一玩不就行了，不用等到我回来再买。”她说：“我向同学们借过了，可是没有同学借给我，因为他们还没有玩够呢！”我又问女儿是如何借的，她跟我说了她如何好话说尽，同学也不借给她。我又问女儿：“为什么不让妈妈或姥姥给你买一个呢？”女儿回答道：“妈妈和姥姥说这是乱花钱，不给买。”针对这样的情况，我对女儿说：“爸爸同意给你买，不过，你得先做一件事。你用‘厉害’的办法去借，不管对方是否借给你，只要你去做了，我就给你买。”女儿不知道什么是“厉害”的办法，我就给女儿解释道：“‘厉害’的办法就是这样——如果对方不同意借时，你就严肃地说：‘不让玩拉倒，以后你别和我玩了，也别玩我的东西了，遇到不会的题也别问我了。’”女儿不相信地说：“好话说尽还不让玩呢！这办法能行吗？”我对女儿说：“人和人不一样，有的人说好话就让你玩，有的人说厉害的话才让你玩，不过，你可以试一下，只要你试了，不管对方是否让你玩，爸爸都带你去买。”

下午放学回来，女儿高兴地说对方同意了。我问了女儿当时的情景，她说当她这样说的时候，对方立即说道：“吕卓颖你玩吧。”我的本意就是培养女儿遇事想办法，学会与不同的人交往。

任何情况下都能学习好

女儿小时候在班里个子算高的，从一年级开始，就总坐在教室的最后一排。她曾经求我找老师给她换座位，说坐在最后一排，有时候听不清楚老师讲课，影响学习。我郑重其事地说：“我觉得这和学习没有直接的关系，座位的前后不是决定学习好坏的核心因素。我觉得我女儿是坐在哪里都能学习好，都能好好学习。万一没有听清，我女儿也是有办法解决这个问题的。比如，你会举手问老师。如果座位能决定成绩，我一定想办法把你往前面调。可是，这不是真理。”

后来，女儿因为她前面的人比她的个子高，会挡住她的视线，还让我找老师换座位。我也跟她说了相同的话。第一，强调她是一个爱学习的人，个子高的同学是影响不了她的；第二，有一点小的影响她会想办法解决的，这没有什么大不了的；第三，如果她实在想换，就自己找老师解决。

在女儿人生的关键时刻，我给了女儿积极正向的信念，做事不找借口，这对女儿影响特别大。在后面的事例中，就能得到证明。

有一次，她和班里一个最招惹人的学生坐在了一起。这学生以前的同桌说：“吕卓颖，这下我可解放了，你可就倒霉了。”因为这个学生和谁同桌，上课的时候就招惹谁，上一节课得数次向老师告状，让老师管一管这个学生，可是从来没有管住过。

可是，女儿和这个学生坐在一起后，这个学生就有疑问了：“吕卓颖你怎么不骂我啊？”我的女儿只是笑了笑。他上课不认真听讲，有题目不会做时，去问我女儿，女儿照样讲解给他听。我接送女儿上下学见到这个同学，还表扬这个学生。

不久，同学们也发现这个学生上课安静了。吕卓颖从来没有向老师告过状，他们佩服地说：“吕卓颖，还是你厉害！”

把自己的孩子培养得爱学习，对自己负责任，做事不找借口，这才是父母核心要做的。

后来，因为正常的班级调换座位，这个学生和女儿分开坐了，上课时又有了经常告他状的声音。不过，这个学生对我的女儿还够朋友。他知道我的女儿喜欢小狗，他家的母狗生了小狗，就送给我的女儿一只小狗。女儿感慨地说："这个同学能送我小狗，多么好。他如果没有招惹人的毛病该多好啊！"

我总结道："他如果没有招惹人的毛病，还不一定送你小狗呢！他虽然招惹你，可是你没有骂他，又没有告状，还尊重他，他不会做的题你还给他讲……这就是他送你小狗的原因。"

只要我和女儿在一起，当她做事、做题感到为难，说"我不会"的时候，我都亲切地给她纠正过来："咱不说'我不会'，咱说'我试一试，我正在往会的学，我是暂时不会'。"我让她亲口说出来，并亲自试一试。做到什么程度我都接纳，都肯定她，即使没有任何进步，也表扬她这种勇于尝试的精神！所以女儿是一个勇于尝试新事物又毫不气馁的人。

让积极想办法成为习惯

女儿做任何事情，都没有被难住，都在积极想办法。为什么会这样呢？

女儿从很小的时候开始，只要尝试一件新事物，就能听到这样的声音："女儿，你有办法！女儿，你有办法！如果你实在没有办法了，再来告诉爸爸，咱们一起想办法。"她是听着这个声音长大的，所以她很少在一件事情上犯过愁，因为她永远在想办法。记得她读三四年级的时候，在我办的学校上“性格培养，思维训练”课程，老师出了一道有挑战性的思维训练题。大家还没有想出来的时候，她有了答案，举起了手。这时，另外一个同学偷偷看了她的答案，不等老师喊名字立即就回答了。老师对我说：“我看到吕卓颖一点儿也没有生气，立刻把这个答案做了一个小小的改动，变成了一个新的答案。能做到这一点真的不容易！”

还有一件事情我印象特别深。女儿读小学四年级时，曾经为了一件事向我求助，因为她实在没有办法了。事情是这样的：班里有一个男生总是恶作剧，当女儿不注意的时候，他总是故意踩她的鞋，越是干净的鞋他越踩，这种情况已经持续很长时间了，女儿一直没有把这件事情解决好。我就给女儿出主意，让她事先观察：“当他踩你时，你先躲开，他就踩不上你了。”女儿一听立即执行，很快告诉我很有效。不过好景不长，女儿又来求助，她说：“刚开始是很有用，可是，我不能时时刻刻看着这个男生，一不留神，他还是得逞了。”我又指导女儿：“这时，积极观察，主动‘出击’，不要像以前那样被动地去躲开。这个‘出击’的目的不是伤害对方，而是制止对方踩到你，比如，当他靠近你时，你可以先把他推开，等等。”

没过多长时间，女儿高兴地告诉我，这个问题已经彻底地解决了，那个男生再也不敢惹她了。我还问了女儿是如何做到的，她绘声绘色给我讲，她事先和一群女生商量好，如果那个男生来了，大家一起把他按倒。就这样几次之后，那个男生再也不惹她了。

在失败面前从容淡定

2006年1月17日，是孩子期末考试的第一天。这天中午，孩子考完语文和数学回到家，说："爸爸，我这次数学可能没考好，我一道大题错了，可能只能得80多分。"她一副自然的神情。

我轻松地说："爸爸只问你，你难受了吗？"

她说："没有。"

我说："爸爸要的就是这个，考不好没关系，在失败面前你别悲观和失望就行。"

我又说："假如有人嘲笑你，你能受得了吗？"

她说："爸爸，没人嘲笑我。"因为卷子还没有批改出来。

我说："你以前不是考第一就是第二，假如这次没有考好，有人嘲笑你呢，你能顶住这个压力吗？"

她说："没关系！"

我说："这样的话，爸爸就放心了。"

其实，在我仔细问清题目后，发现是其他大部分的同学做错了，我女儿做对了。

我敢克服困难，我真的想要

下面我再分享我培养孩子的一个绝招。

不怕困难、不怕失败是一个想要成功的人必备的素质之一，而任何人只要开始干一件事情，就必然会遇到困难和失败。很多人在困难和失败面前选择了退缩或者逃避，这是每一个人都不愿意看到的，可是这样的事情还是经常发生。怎样让一个人具备不怕困难、不怕失败的素质呢？下面的训练方法很有效。

每个孩子都是天真活泼的，他们经常向父母提出一些要求，今天想要这个，明天又想要那个，我会很好地利用这些宝贵的机会来教育孩子，而不是责备孩子。

有一次，孩子对我说："爸爸，我想要一个××。"

我说："你是真想要，还是假想要？"

她认真地说："我当然是真想要！"

我说："来，爸爸考验你一下，看你是真想要，还是假想要，你去把碗洗一遍。"

她立即放弃了这个东西，生气地说："算了，我不要了。"

我不紧不慢地说："只有你没有得到你想要的东西，别人都不少任何东西，甚至我还不想给你这个东西，因为我要花钱！"

她若有所思。

过了两三天，她又对我说："爸爸，我还是想要上次跟你说的那个东西。"

我说："你是真想要，还是假想要？"

她说："我是真想要。"

我说："来，爸爸考验一下你是真想要，还是假想要，你去把碗洗一遍。"

她二话不说把碗洗了，然后来到我面前。

我认真地说："看来你是真想要，为此克服了一个困难。来，吕卓颖，给你。"

她高兴极了，因为这是她克服困难后得到的东西。

又过了一段时间，孩子又有了一个要求。

她说："爸爸，我想要一个××。"

我说："有想法，太好了，不知道你是真想要，还是假想要？"

她肯定地说："当然是真想要了。"

我说："来，爸爸考验一下你是真想要，还是假想要，你去把碗洗一遍。"

她二话不说把碗洗了，然后来到我面前。

我又问："吕卓颖，你是真想要，还是假想要？"

她有些莫名其妙："爸爸，我是真想要。"

"真的？"我假装不相信地问道。

她点点头。

我立即指着地板说："请把地板打扫一遍。"

她一副不理解的表情："爸爸，你怎么这样呢……"

她话还没有说完，我又问道："你是真想要，还是假想要？"

她明白了，把地板打扫了一遍后来到我面前。

我认真地说："看来你是真想要，为此克服了两个困难。来，吕卓颖，给你。"

她更高兴了，因为这是她克服两个困难后得到的东西。

又过了一段时间，孩子又有了一个要求。

她说："爸爸，我想要一个 ××。"

我说："有想法，太好了，不知道你是真想要，还是假想要？"

她肯定地说："当然是真想要了。"

我说："来，爸爸考验一下你是真想要，还是假想要，你去把碗洗一遍。"

她把碗洗完了，来到我面前。

我又问："吕卓颖，你是真想要，还是假想要？"

她点点头。

"请把地板打扫一遍。"我指着地板说。

她把地板打扫完了，来到我面前，以为我这时会给她。

我又问："吕卓颖，你是真想要，还是假想要？"

她肯定地说："真的。"

我假装不相信地问道："是真的吗？"

她更肯定了："是。"

"请你写两页字。"

她一副不理解的表情："爸爸，你怎么这样呢……"

她话还没有说完，我又问道："你是真想要，还是假想要？"

她明白了，把两页字写完后来到我面前。

我高兴地说："吕卓颖，看来你是真的想要，为此克服了三个困难。来，给你。"

她更加高兴了，因为这是她克服三个困难后才得到的东西。

后来，她又有了一个要求，她在克服了三个困难，把碗洗完，把地扫完，把两页字写完后，来到我面前，等着我给她。我说：“假如爸爸再给你一个困难，你还敢克服吗？你还要吗？”

她一本正经地说：“我敢！我要！”

我说：“太好了，生活就是这样，每个人都有这样那样的想法，可是，很多人都因为害怕困难或者失败，放弃了自己的理想，他们都是假的想要。而我的女儿不怕困难，会克服一个又一个的困难，是真的想要。生活会因为你有这种伟大的品质而回报你很多的。”

困难是检验成长的机会

自从孩子明白了什么是真的想要和假的想要以后，我就很容易指导她的生活和学习了，她在困难面前的态度是勇敢的，她在享受成长。

在她读四年级的时候，有一个星期天，由于临近考试，语文老师布置了很多的作业，孩子有点不高兴，不理解老师的做法。

我说：“其实老师也明白你是会的，不过，老师是故意出一个困难，看谁在困难面前大发脾气、垂头丧气、悲观失望。”

她说：“爸爸，我这是坏事变好事。”

她认真地把作业写完，虽然用了很长的时间，但她在完成作业后，特别兴奋，那是战胜困难后的愉悦。

周一下午放学回来，她有点责备自己：“我怎么这么傻呢！老师说了：‘谁错一个字，就得重写。’我检查了好几遍，也没有检查出来，怎么就少写了一个字呢！”

我一看，可不是吗，第一行就少写了一个字，我说：“又来了一个困难和考验，该怎么办？”

她说：“老师说了，三天之内把这个补完就行，不过，我今天就要把它写完。”

我劝她就按老师说的去做，三天做完，因为当天还有其他各科作业。

她坚决不同意，在把当天的作业快速完成以后，又开始补以前的作业。

我不失时机地赞扬孩子：“你真是了不起，谁知道了这件事，都会佩服你的！”

她更认真地抓紧时间，写着作业。

快到晚上10点了，她才把这个作业写完。为了不再出现错误挨罚，她认真地检查了好几遍，确认没有错误以后，才放下心来。

我很清楚，这时，孩子是很容易出错的，我说：“爸爸可够朋友了，平时不帮我女儿检查作业，今天是个特殊情况，我替你再检查一下，别再出错了挨罚。”

她还说：“不可能，我都检查好几遍了。”

我拿起她的语文课本和作业本，认真地检查了起来，果然她又漏了两个字。孩子又感激又觉得莫名其妙：“爸爸，这怎么可能呢！”边说边把作业又补上。

第二天一放学，孩子就高兴地对我说：“爸爸，老师又表扬我了。”

我说：“吕卓颖，坏事已经变成了好事，老师通过这件事，才真正发现你是一个真正不怕困难的人，才发现你调节情绪的能力真的很强，咱们还要感谢这次机会呢！”

我是没有限制的

每个人在成长的过程中，会形成一些信念。当你没有意识到这一点的时候，这些信念就完全地控制了你。这些信念就像是一个牢笼，把人束缚在里面。这个牢笼就是人的限制，就是你的活动范围。其实这不是真的，信念是过去的，不是当下的事实。所以，当你做一件新事情的时候，当你被困住的时候，你就要反省一下自己：我是被什么困住了？是被这件事情本身，还是被过去的信念困住了？

被过去的信念困住的人，就像是一头从小被一根麻绳绑住腿的小象，在无数次挣脱不成功以后，它建立了一个信念：“我是没有力量挣脱这根麻绳的。”当它长成成年大象之后，尽管它的力量已经足够大，只要稍微一用力就能挣断麻绳，但是它永远不去做了，因为它已经被过去的那个信念控制住了，它看不到自己的力量已经发生了巨大的变化，所以只能永远地被这根麻绳捆绑着。

生活中的很多人，就像这头大象一样，总以为自己真的不行。

我从小就让女儿明白了这个道理，当被过去的信念困住的时候，我就提醒她：“女儿，你忘了吗？你是没有限制的！”经过多次以后，她已经能随时地提醒自己，对自己说：“我是没有限制的！”然后打破过去的信念。

这就是人们常说的突破自己。当你明白这个道理之后，多做几次，你就会发现，突破自己并不像别人说的那样难，而是一件容易的事情！

以上，就是我的女儿永远积极向上，做事不找借口，勇于尝试，永不气馁，遇事总能想出办法，突破自己的原因！

第二节

培养孩子四项能力

一、科学理财

关于财富的正确观点有：君子爱财，取之有道，用之有度；厚德载物；多劳多得，少劳少得；财富有吉财、凶财之分；要富而有礼，不能为富不仁；等等。

财富问题对人生也是很重要的，人生离不开财富。所以，如何得到财富，如何对待财富，财富从哪里来、到哪里去，也是人生不得不弄明白的一个概念。

你是如何看待财富这个问题的？中国有相当多的父母，尤其是老一辈的父母，几乎没有想过让孩子理财这个事情，都是只让孩子好好学习就行。现在让孩子理财的父母虽然越来越多，但大部分不是积极主动的，并不能提高孩子的理财能力，让孩子有正确的财富观念。

我以前也是这样的。不过我在女儿成长的过程中，通过学习，从女儿身上得到了一套让孩子提高理财能力的理念和方法，这不仅让我和孩子的关系更亲密，而且也让孩子学会了理财，对金钱有了正确的观念。后来，我把这些理念和方法，与那些在孩子理财上出了问题的家庭分享，他们都从中受益，他们的孩子也树立了正确的理财观。

下面我就来说一说我家的理财理念和方法的转变。

我从小长在农村，当时人们的生活还不富裕，经济上都很紧张。我们从小就被教育不能乱花钱。这个“不能乱花钱”差不多等同于不能花钱。

我结婚之后，在一所企业的子弟学校工作，当一名中学数学老师。学校包括小学和初中，里面有小商店，卖很多零食。下课后，很多小学生带着钱去买一些不健康的零食吃。

基于以上两点，在有孩子之前，我就和妻子商量好了，等有了孩子之后不能随便给孩子钱。

随着孩子长大，她对钱的需求越来越频繁，越来越多。妈妈不给，就偷偷跟爷爷要；有时忘记已经跟妈妈要了，还返回来向爷爷要，一点办法也没有。不给吧，别的孩子都花钱，孩子也强烈地要；给了吧，总买一些不健康的食品。不过，妈妈实在没有办法，当孩子读一年级的时候，在孩子强烈的要求下，妈妈多多少少也给孩子一点钱。

因为我和妻子都商量好了，所以孩子从妈妈那里得到钱太难了，孩子大部分的钱是向爷爷要的。孩子也知道我们不让花钱，还和爷爷商量好，让爷爷替她保密，不能告诉妈妈她从爷爷那里得到钱了，爷爷也一直替孩子保密。

直到孩子要得越来越多，从 5 角到 1 元，要得越来越频繁，爷爷也不敢再保密了，悄悄地对我说了。

我怀疑是不是我们对金钱的观念有问题，才导致孩子这样的。于是我买了好几本书，记得有《富爸爸　穷爸爸》系列书，还有以色列人的财富观，还有美国人对孩子的生存教育等，我从中收获了很多正确的金钱观念和理财观念。我又根据中国的文化传统，把中国的血缘亲情和外国的财富观念相结合，形成了一套适合中国孩子的财富教育理念和方法。

为了培养孩子的好习惯，提高理财能力，让孩子身心两方面都健康地成长，我用赏识教育的理念和方法，相信孩子，允许孩子犯错误。我从 2002 年 12 月 1 日开始，每月给孩子 15 元，完全由孩子支配。双方做了如下约定：

（1）建立一个账本，每次拿多少，要登记清楚，用途不要求写。

（2）花超了，不提前给，要通过劳动来挣钱。

（3）用途是购买自己喜欢的和需要的东西。

接下来的任务，是家长要指导和教会孩子花钱，帮助孩子提高理财能力。要教育孩子节约用钱，要知道什么该买、什么不该买，要懂得买东西的技巧，要珍惜父母的血汗钱……

让我印象最深的一件事是开始每月给孩子零花钱后不久，孩子有一天放学时，嘴唇红红的，干燥得脱了皮，我准备找机会问一问她，是不是买了乱七八糟的零食吃了。第二天早上，她洗脸时，在镜子里看到自己不正常的嘴唇，就问："爸爸，我嘴唇咋这么红？"我用启发性的语气问："是不是吃了什么东西？"她若有所思地点点头，我不失时机地说："那些东西对身体非常有害，嘴唇红只是个表面现象，最重要的是，它对身体里面有害，你又看不见。买吃的一定要买正规商店的东西。"

我接着给她讲了一个我遇到的真实的事例。我们当地有一个小孩，才十几岁就得糖尿病死了。因为他家经济条件好，父母也宠爱他，这个孩子从小到大几乎没有喝过水，全喝饮料。身体吸收了太多饮料中的有害物质，所以小小年纪就得糖尿病死了。

从那时起，她再也没有买过那些垃圾食品。就是我给她买的吃的东西，她也要我们念一念包装袋上的说明，问能不能多吃。只要含有添加剂的食品，她都注意少吃。记得有一次，我给她买了一瓶饮料让她上学带着。以前她是一下子喝光，这次到放学后还没有喝完。我还经常跟她讲最好的饮料是水，同时，也允许她买其他的饮料、吃的，都让她尝试一下，让她不比别人少吃好吃的。

我还认真观察过她的钱都买了什么，也问过她。我发现全是女孩子喜欢的玩意儿。只要是她喜欢的、感兴趣的东西，她都买过。有的很快就不喜欢了，有的一直喜欢。我懂得了应当从小孩子的视角来看待问题，不应从大人的角度来看好不好、应该不应该。她买的都是应该的，没有一个是不应该的。

刚开始，她一个月有15元钱，她各种花法都用过。有时是每天花 5 角钱，最后一天把 5 角钱花完，当晚就会问："爸爸，明天是下个月的第一天，爸爸你还记得明天是什么日子吗？"有时是一下子把钱花完了，没有钱了，借我的钱花。我借给她的，下月从 15 元钱中扣回来。她借得有点频繁了，我就不借给她了。于是我给她提供挣钱的机会，让她在家里通过劳动挣钱。

大约两三个月之后，她花钱就再也不让父母操心了。以前最喜欢的小东西，因为她全拥有了，也不再买了。她节约了很多的钱，就用节约下来的钱，买了校服，买了皮鞋。能用自己攒的钱买东西，这让她很自豪，很有成就感。两三个月后，让我们意想不到的是，孩子认为钱在自己的钱包里，是自己的，就不再随便花了。

万一孩子要的东西贵，她的钱不够，我就给她垫上。记得有一次她攒了 50 元钱，过年时，她要买一双 68 元的鞋，我就给她垫了 18 元钱。这让她觉得爸爸是爱她的，是够朋友的。

后来，我们给她讲她原来是怎么花钱的，她说："爸爸，我真后悔以前怎么那样乱花钱呢！"

有一年过年后，她有了 1000 元的压岁钱，也是自己管理。她几次提出："爸爸，我是大富翁了，15 元的零花钱我不要了。"

我说："孩子，压岁钱你用来办大事，比如，学费、画画的费用、买书等。15 元爸爸还给你，这是你的零花钱，爸爸只是希望你别花超了。"

货比三家

下面是吕卓颖的一则日记。

2003年6月15日　星期天

今天早上，我和爸爸去买娃娃。我们先去小华联，我看上了一个，爸爸说先不要买。我们就去百货大楼买，百货大楼没有，我们又去爸爸说的另一个地方。可是这个地方还没有开业，我们又去保龙仓超市。我们看到了许多娃娃，爸爸让我挑了一个便宜的娃娃，然后我们还给爷爷买了一条裤子，买完后我们就回家了。

爸爸说先不要买的意思是想看看别的地方有没有便宜好看的。我们转了好几个商店，买到了又好又便宜的娃娃，少花了14.5元。

这样，孩子就知道了爸爸妈妈是怎样挣钱的，商店是怎样挣钱的，老板是怎样挣钱的。她以前坚决反对我当老板，因为她认为老板是给别人发钱的。孩子知道了怎么挣钱以后，她经常给我出点子挣钱。在这个过程中，孩子也明白了怎么花钱、怎么攒钱。

真正需要才消费

2007年正月初四，女儿和同学到麦当劳去吃饭，店员送给她一张早餐的优惠券。第二天，她又和同学去了。没有想到在优惠券的诱惑下，她一下子又消费了十来元。虽然享受了优惠，可是人家还是赚了钱，而她属于乱花钱，自己的压岁钱才几天已经花去了七八十元。我给她指明后，她也觉得不是滋味。

通过这件事，她在如何消费这件事情上，懂得了不要在诱惑的驱使下去消费，要看自己真正的需要。

让钱为你工作

2007年正月初四，女儿已经收到了所有长辈的压岁钱。我和女儿一算，她一共得了900元，我问她："女儿，你决定自己存多少钱？"

她说："把700元存入银行，留200元消费。"

我拿出她的中国银行存折，计算了一下，加上这个700元，她已经有了2000元。

我就问她："女儿，你已经有了2000元，你准备怎样让这2000元为你工作？有一类人是为钱工作，为负债来奋斗，而有另一类人是先为资产奋斗，让钱给自己工作。"

女儿想了一会儿。

我鼓励道："我希望我的女儿尽快找到一种方法让 2000 元为你工作。"

女儿高兴地答应了。

第二天，我准备从女儿那里借 1000 元，作为赏识教育资料进货资金。一箱资料进货价 900 元，大约能挣 450 元，一年我能卖 7 箱的话，大约能挣 3000 元。我让这 1000 元为我女儿工作，年底给她 500 元。

我先让她看了存折上她以前的 1300 元，一年多的时间银行只给了 10 多元的利息，还扣了 2 元左右的税，钱放在银行重点是存钱，而不是让钱为自己工作。

最后她借给我 1500 元，让我年底给她 700 元。

这个过程，让我明白了很多的真理。除了上面提到的，还让我明白了，能力只能在实践中才能提高，道理、智慧只在做事当中才能真正领会，以前在金钱方面对孩子的担心、不放心、不信任全是多余的。

后来，随着孩子长大，她有了额外的要求。额外要求就是作为她的父亲，我已经尽了自己的责任，她还想要东西，或者是还想要更好的，我都没有拒绝过，也从来没有说那是不应该的，我都鼓励她一定能得到。我要么给她提供挣钱的机会，让她自己挣钱，要么给她一部分钱，其余的让她自己出。我记得她曾经劳动 60 次得到过一身运动服，自己倒两年垃圾买过自己喜欢的自行车，等等。在这个过程中，孩子特别快乐，心智成长得特别快，能力也提高得特别快，也总是乐观的、积极向上的。

二、掌握做事核心

有相当多的人认为，学习使人成功。的确，我们的人生需要学习，人生也离不开学习，但同时，我们的人生还有一件事绝对不能少，那就是亲自体验、实践。

在我国，由于受应试教育的影响，有相当多的人在教育上特别强调学习学科知识，忽视了对孩子的另一种教育，那就是体验人生，亲自实践。

要彻底弄懂，理解某事物并运用到生活中，你认为更有作用的是学习理论还是亲自体验、实践？比如，让你学游泳，一种做法是老师给你讲如何游泳，把游泳的理论全教给你，让你能考 100 分，却不让你下水；另一种做法是老师根本不给你讲如何游泳的理论，而是让你直接下水学。你认为哪一种做法能让你学会游泳？我想你的答案是第二种吧！所以大家要明白，亲自体验、实践是学会做某事的核心做法。学习只是学一些结论、理论、思想和知识，却不能掌握做一件事的核心。

通过以上例子，大家就能明白，亲自体验、实践才是最核心要做的。当然，在实际应用中，学习理论与亲自实践相结合更能加快人的学习速度。

学习任何事物都是这样。比如，骑自行车、跳舞、开车、与人打交道，你要学会这些，关键在于亲自体验、实践。不是把理论、结论、知识背会，你就会做！理论、结论、知识都存在于头脑里，不会有感觉，亲自体验、实践才能让人有感觉！

所以，不要只让孩子成为一个学者，还应让孩子成为一个体验者。学者有满肚子学问，但没有亲自实践过，就无法掌握做一件事的核心。体验者不一定懂得那些学问，却通过亲身体验，掌握了做一件事的核心。

现在很多孩子学习了很多的知识，却很少去亲自体验、实践。我们如果想让孩子有一个幸福的、成功的人生，就得多让孩子亲自体验、实践。不是有这么一句话吗？读万卷书，不如行万里路。所以我们要在行万里路上多下功夫，这才是造就幸福人生、成功人生的核心。

所以我让我的孩子从小就体验了比较多的事物。比如，她跟各种各样的人交往，这个在前面说过。在她小的时候，我带着她在草地上肆意地玩，在家里的地板上尽情嬉戏，到公园湖边玩。小学的时候她参加了各种各样的夏令营，有军事类的、旅游类的、励志类的，还有拓展类的。她报的兴趣班都不是学习学科知识的，而是像画画这一类的。初中的时候，我们全家还一起出去旅游。不过，现在回过头再看，我们旅游还是比较少的。我还带着她参加了一些成人的课程，这些课程有时候和学校的期末考试是冲突的，我们都请假参加。

培养天才儿童，第一是需要父母的陪伴，给孩子足够的爱；第二是让孩子到大自然中去，到社会中去，让他见多识广。想提高什么方面的能力，就得到什么地方去。

女儿到美国上高中，前一两年，她还没有确定自己要上什么大学、学什么专业，我就建议她问自己内心想干什么，然后立即去体验，通过体验来验证自己是不是真的要从事这一行。她第一年暑假回到国内，到北京学习了素描，到美国接着学习画画，她最后得出结论，画画只是自己的一个爱好，而不是一生的职业。接着她又想自己是不是想学舞蹈，她又立即学了舞蹈。第二年暑假还特别学习了一个多月的芭蕾，学得特别好，老师都说她16岁才学舞蹈，一些高难度的动作也能完成，很难得、很了不起。后来，她回到美国继续学。可是，她发现这还是爱好。之后，在表哥表嫂的建议下，她想学酒店管理专业。那一年的暑假，她在希尔顿酒店廊坊分店的西餐厅免费干了20多天，体验了服务员的工作。后来还在美国体验足球训练，体验跑步比赛，等等。

我说这些，只是想跟大家分享，亲自体验、实践真的是特别重要，别忽视了这一点。你在这方面多付出一些，你的孩子就能收获很多。这些收获不是有形的，不是你肉眼能看见的，却对孩子的人生起着举足轻重的作用，这是心智的提高、见识的广阔。

三、与异性正确交往

一般人讲青春期，他们会讲逆反的青春期，而我却要讲美好的青春期，为什么呢？我会从理论和操作两方面跟大家讲明白。

孩子青春期的身心变化

青春期是每一个人成长中都要经历的阶段，是个体由儿童向成年人过渡的时期，这个阶段开始的时间虽然因人而异，但大多从 10 岁左右开始，女孩可能在 18 岁左右就基本结束了，男孩稍晚一些，20 岁左右也基本结束了。

青春期的孩子有两大变化，一个是身体方面的变化，一个是心理方面的变化。

第一，性机能开始成熟。青春期生殖器官和性功能逐步发育成熟，是从性不成熟、不能生育的儿童期，转变为性成熟、具有生育能力的成年期的过渡时期。性成熟是青春发育的主要标志。青少年告别了童年时代，迎来了心中五光十色的梦幻时期——青春期，要迎接自身生理和心理的一系列巨变与激情的撞击，体验神秘性意识的萌动。

第二，成长速度加快，体格迅速发育，体形发生变化，内部器官功能完善。青春期是人一生中发育突飞猛进的阶段，也是个体生长发育的最后阶段。人体的骨骼、肌肉、内脏等生长发育加速，体形以及四肢和颈部生长突增、趋向完善，体格迅速发育。

这个阶段心理和行为变化极大，由于独立自我的觉醒，青少年要经历具有人生奠基意义的、内心充满矛盾的、蕴含危机的“心理断乳期”，也称为人生第二反抗期，或最难接纳教育的年龄期、最易有教育成效的年龄期、最危险的年龄期。

第一，性意识骤然增长。由于生理上性发育加速，青少年对性知识特别感兴趣，对异性有强烈的交往欲望，性的好奇感和神秘感与日俱增。

第二，智力水平迅猛提高。对问题的精确性和概括性发展迅速，逐步从形象思维为主向抽象逻辑思维过渡。

第三，自我意识强而不稳。独立欲望增强，对事物能做出自己的判断，但对自我的认识和评价常常过高或过低，被一些矛盾困扰，如独立欲望与缺乏独立能力的矛盾，自己心中的“成人感”与成人眼中的“孩子气”之间的矛盾，等等。

第四，情感世界充满风暴。常常表现出幼稚的感情冲动和短暂的不安定状态，孤独、忧伤、激动、喜悦、愤怒微妙地交织在一起，组成一个强烈、动摇和不协调的情感世界。

第五，兴趣爱好日益广泛。求知欲与好奇心强烈，富有理想，热爱生活，积极向上，乐于参加各种创造性活动，喜欢竞争性、冒险性和趣味性的活动。

第六，人际交往欲望强烈。一方面强烈希望结交志趣相同，年龄相仿，能够相互理解、分享生活感受的知心朋友；另一方面，与自己周围的人尽量保持良好的关系，尤其是对自己所属的集体，有强烈的归属感和依赖性，宁肯自己受点委屈，也要保持生活圈的平衡与协调。

父母怎么面对青春期的孩子

根据前面讲的，青春期的孩子性意识骤然增长，由于生理上出现性成熟现象，青少年对性知识特别感兴趣，对异性有强烈的交往欲望，性的好奇感和神秘感与日俱增。面对这些情况，父母该怎么做呢？

第一，根据青春期的这个特点，家长应当在孩子刚进入青春期的时候，给孩子买一些青春期的书，书里会有详细的知识，但不建议买文字多的书。

我们在孩子刚十岁的时候，就从书店里挑选了一本韩国出版的书，书里文字少，有大量的图片，把男女性别知识介绍得清清楚楚。我们把这本书作为礼物送给女儿，放在女儿的床头，女儿从这本书里了解了当时她需要的青春期知识。

第二，积极鼓励孩子和异性交往，创造机会让孩子和异性交往。

我在女儿一上学的时候，就鼓励女儿和所有的同学玩。她到四五年级的时候，更愿意和男孩玩，我问她为什么，她说："男孩和女孩不一样，男孩懂得的知识多，和女孩关注的不一样，男孩没有是非，女孩是非多……"

第三，和孩子聊天，谈论这方面的事情。

像你喜欢谁啊，谁喜欢你啊，他有什么优点、有什么不足，你们班级里谁喜欢谁啊，这些都是我们和女儿聊天的话题。她告诉我们他们班有一个女生，一心放在学习上，学习也特别好，曾经郁闷地说："吕卓颖，我怎么没有人喜欢啊？"

当然在聊天的过程中，我也给孩子谈了爸爸的观点，告诉她这些是生活的点缀，不是主旋律，这个年龄的主旋律是学习。其实孩子也没有把这当作主旋律。

谈论这些事情是正常现象，这个阶段就得聊这些事情，不需要藏着掖着。所有藏着掖着、不敢提这方面事情的人，都是因为认为这是不正常的事情，所以才不聊的。另外，如果在这个年龄不喜欢异性，没有异性的喜欢，这就不是正常的现象，这个人就郁闷，可能就有问题。

在聊天当中我也发现，青春期就是青春期，青春期的喜欢和与异性的交往，不是成年人的谈情说爱，不是成年人指的谈婚论嫁。

以上发生在孩子小学阶段，孩子上初中了，这方面的话题更得聊了。女儿班级里发生的所有事，我都知道：谁喜欢谁，做了什么事，谁喜欢她，她喜欢谁，等等。女儿喜欢谁，我就让女儿“表达”出来。别误会，这个“表达”只是同学们自发搞什么活动都参加了时，讲个题，说个话，聊个天等。

记得女儿初中时，有一个男孩，可能很喜欢我的女儿。他们初中的班主任也是一个开明的老师，这个男生曾经当着全班同学的面“表达”过喜欢我的女儿。我的女儿回到家问我遇到这种情况怎么办，我对女儿说了自己的观点：允许那个学生喜欢自己。可是女儿说自己不喜欢那个男生，我说：“你不喜欢那个男生，就不喜欢，但是那个男生喜欢你，你得允许。他喜欢你，这是他的权利，你不喜欢他，也是可以的。但是他喜欢你，都做些什么事情呢？”女儿给我讲道：“那个男生是班级前几名的学生，甚至在全年级都名列前茅。如果我有不会的题，问别的同学，他们有的说自己没有时间，也有的说自己不会，有的人即使讲也有些不耐烦，可是，这个同学如果知道我有不会的题，如果有时间一定耐心给我讲，如果没有时间，一定会把解题步骤和思路写得明明白白地给我。”

我高兴地对女儿说：“在学校里有这么一个同学帮助你，关心你，多好啊！你不喜欢他，你已经感觉到了，但是，你一定得允许他喜欢你，允许他给你讲题，允许他为你做事等，不然的话，你就毁了这个学生，让他没有心思学习。因为这个同学对你的帮助，你和这个同学的关系，还得好过其他的同学，你得心存感激。”

这个男生初三毕业考上了石家庄二中，毕业时，他的妈妈还给我家打来电话，询问我女儿的情况，这都是正常现象。

还有一个男生，在女儿读初中的三年时间里，也是喜欢我的女儿。初中我接送女儿上下学两年多时间，每次女儿去学校附近的礼物店，这个男生也在，为什么呢？他喜欢我的女儿，这是他表达的方式之一。我的女儿初中毕业后要到美国上高中，有一天，她接到一条短信，是这个男生发给她的。女儿把这条短信给我看：“爸爸，这条短信我只让你看。”这个男生在短信中写道：“你要到美国上高中了，这是我最后的机会，我如果不说出来，就会……”这是这个男生表达的方式，一定得表达，不表达这辈子都有遗憾，表达不是谈情说爱。

我和女儿合著的第一本书《阳光女孩　阳光教育》在2015年5月出版，她书中的话最能代表我们的观点和做法。

我是那种任何心里想的、感情变化都会告诉爸爸妈妈的女生，我喜欢谁了，他们一定是第一个知道的。

我只要喜欢上谁了，一定把自己的喜欢表达出来，这也是爸爸教给我的。喜欢过的人都知道，把喜欢憋在心里是一件很难过的事。这个年龄对异性产生好感是太普通不过的事情，而我也清楚地知道现在最大的任务是学习，所以即使喜欢上了也只是想和他做个朋友。我对一个男生的好感也是一阵一阵的，可能过几个月人家不搭理我就过去了。

即使那个男生不喜欢我，我也不会觉得难过，我也不会觉得自卑。妈妈总跟我说，每一个人都有一个命中注定的人在最对的时间、最对的地点出现，在那之前的人都是我这一路上最美的风景。

即使我喜欢的那个男生不喜欢我，我也愿意为那个男生付出，而我的付出也只是因为我喜欢他，不需要任何的回报，需要回报的付出才会很累。很感谢那两个在美国被我喜欢过的男生，不管他们知道还是不知道，还是要谢谢他们给我喜欢的权利，而我也相信，在人生路上会有一个爱我全部的人出现。

青春期就是青春期，青春期是指青少年生理发育和心理发展急剧变化的时期。是童年向成年过渡的时期，也是人生观和世界观逐步形成的关键时期，青春期是人生中的黄金时代，父母、教育工作者要让青少年朋友在这个阶段认真学好科学知识，同时也要熟悉自身的变化，做好他们心理上的工作，指导他们处理好异性间的关系，让孩子注意体育锻炼和营养，顺利地度过这一美好的时光。这是当孩子处于青春期的时候，父母、教育工作者该做的，而不是去堵，不是为了学习成绩，去消灭青春期，不让青春期发生。所有“堵”的这些做法，都是不符合人性、不符合规律的，都会导致孩子出问题。

在我看来，按照人性去做，按照规律去做，青春期是增加能量的，孩子如果喜欢一个人，为了向人家看齐，会拼命把自己变好。

在孩子青春期的时候，父母、教育工作者应当创造机会让孩子学习这方面的知识，到实际生活中去练习，去接触异性。要做得再好一些的话，我们可以举办家庭聚会、舞会等来满足孩子的需要。这样的话，孩子们该多么幸福，青春期会多么美好啊！

四、科学管理情绪

很多家长在和孩子相处时总是喜欢发脾气，习惯于把每次发脾气归咎于孩子不听话，或孩子某种行为太不像话，认为自己发脾气是不得已而为之，是为了教育孩子。事实上，脾气不但没有教育功能，还对教育具有反效果，脾气越大，教育效果越差。坏脾气不仅像一把乱挥的锤子，破坏当下一时一事，甚至可能造成不必要的人生悲剧，像弥散的有毒气体，形成深远而广泛的损害。

家长发三分脾气，会对孩子形成七分损害，其后果我们可以这样描述：

轻度后果：孩子叛逆，消沉，多疑。

中度后果：孩子成年后脾气暴躁，爱抱怨，为人苛刻。

重度后果：严重抑郁症，性变态，神经病人格。

说坏脾气是教育的死敌、人生的陷阱并不为过。坏脾气带来的后果也是难以弥补的，为了孩子有个健康的成长氛围，家长要多自我克制。没有脾气的胸腔，才能装满教育正能量！

经常有这样的人，明知不该发脾气，却控制不住发了，然后内疚后悔；再遇事，又发脾气，再内疚后悔……进入这种恶性循环，不能自拔。

下面我给大家讲一讲，情绪怎么来、去哪里、怎么去、怎么停，如何清理和根治情绪，让你生命中有更多的和平、喜悦。

中国古人都知道，喜伤心，怒伤肝，思伤脾，忧伤肺，恐伤肾，所以，为了身体的健康，我们得管理自己的情绪。

情绪管理，是指通过研究个体和群体对自身情绪和他人情绪的认识，培养驾驭情绪的能力，并由此产生良好的管理效果。现代工商管理教育如 MBA、EMBA 等均将情商及自我情绪管理视为领导力的重要组成部分。

情绪管理的核心是指一个人使用情绪、控制情绪，而不被情绪控制、操控。使用情绪、控制情绪是指一个人利用情绪来达到自己的目的，如果内心缺乏力量，力量不够，可以由情绪给自己点力量，或者是场合变了，人变了，立即改变自己的情绪，使自己的情绪和下一个人、下一个场合相适应。

两口子正在争吵，这时，家里来人了，有人能立即转换情绪，笑脸相迎，有人不能。

有人和你说话时和颜悦色，一结束谈话，你离开了，他立即换成另外一副面孔。

演讲者在登台之前一个状态，登台之后立即进入激情的状态。

这些都是人们使用和管理情绪的例子，说到这里，我想起了在这方面培养女儿的例子。女儿小学时一直当班长。当班长是很不容易的，作为一个老师都很难让每个孩子听自己的话，何况一个小孩子呢？

有一次，我问女儿她是如何管难管的学生的，她说训斥他们，我问她为什么，她说学老师的。我对女儿讲道："这样是不对的，不管老师怎样，你作为班长一定不能训斥同学，他们会难受的，他们的父母知道了，也会心疼孩子的。就像我和你妈妈一样，如果你在外边被人训斥，我和妈妈也会很心疼的，所以一定不能训斥人。"女儿就说："爸爸你不知道，有些学生根本不听你的话，这该怎么办呢？"我告诉女儿："首先想别的办法，实在没有办法时，你就假装生气。用情绪就能把他们吓住，而不能真生气，真生气会严重伤害自己的身体，而且别人也很难听你的，因为你已经失去理智了。"女儿从此知道了使用情绪，而不是让情绪控制住自己。

这是关于情绪管理的第一个方面。下面我谈一下关于情绪管理更重要的方面——彻底清理和处理负面的情绪，比如生气、悲伤、恐惧、内疚、失望、焦虑、紧张、无奈、为难、厌烦、惭愧……

不过负面情绪也是有用的，也有合理性，例如内疚一下，提醒自己，有事做错了，得赶快改正。但是当负面情绪不合理出现、长期出现，甚至成为我们的一个主要情绪表现时，就必须引起关注，因为此时它已经影响了我们的心理平衡。

首先，大家要知道，我们的肉身没有任何的问题，它是一个有机的整体，各部分之间都运作良好。它唯一有的问题是难受、疼痛，如果它难受了，疼痛了，你要知道这是在提醒你，你做错了，这时，你必须找到让你难受、疼痛的因素，把它改了，这样你就在治疗自己。反之，如果你不在乎，不知道这是提醒，而持续让肉身难受、疼痛，你就没有找到伤害自己的因素，不能让这个伤害停止，长此下去，就形成病，也许是重病……

要想清理掉负面的情绪，首先得知道情绪从哪里来。

任何情绪都来源于自己，来源于自己的思想，是外面的人和事触动了你的思想，然后你产生了情绪，也就是说外面的人和事是外因，是诱因，内因在你身上，这是清理和根治情绪的真正原理。

下面我举一些例子。

一个物流公司的司机给学校送货，司机给老师打电话，老师就告诉司机学校地址在第三大街南内街中心街桥的西边，于是他开着货车在第三大街南内街中心街桥的西边找了一遍，没有找到。他心想是自己疏忽了，又开车在桥的西边找了一遍，还是没有，他就给老师打了电话。老师肯定地告诉他，学校就在桥的西边，司机又开车在桥的西边找了一遍，还是没有。这时他想，是不是在桥的东边啊。他开车刚到东边，立即看到了我们学校，于是一进门就气冲冲地问道："你们这儿是不是有个高老师啊？"得到我的肯定回答之后，他愤怒地说："这是什么破老师，给我一再说在西边，让我找了三四遍。"

我看他气得厉害，为了缓和他的情绪，我说："真是对不起，她不知道方向，让你多转了好几圈。"他还是特别生气，边生气边帮我卸货，我继续说道："真是对不起，她不知道方向，不仅让你多转了几圈，生了气，可是你还帮我们卸货，真是谢谢您了。”最后我发现他的气快消了，基本上心平气和了，卸完货后平静地开车走了。

这个司机生气的核心原因在哪里？是他有一个信念，他认为老师就得懂方向，老师只是个诱因，触动了他这个信念，和他的信念不一样，他就特别生气。如果他明白这个道理，立即清理了自己的这个信念，换成“老师也有不懂方向的”这个信念，立即就会没有了情绪。

不过，司机他是不明白这个道理，他认为就是老师让自己生气的，与自己没有关系，所以下次遇到相同的情况，他还是会生气的。

在女儿小的时候，我跟她说过“在大街上卖烤红薯的人特别可怜”这样的话，那时我也不懂这个原理。女儿记住了，她长大后，只要见到卖烤红薯的人，她立即出现可怜别人的情绪，觉得别人可怜，自己就会难过，不舒服。她看不到烤红薯的人在高高兴兴地说笑。这个负面的情绪清理了好几次，也没有给女儿清理掉，直到有一次，我把她拉到卖烤红薯的人跟前，让她清清楚楚地看到别人在高兴，她才真正地明白这个情绪是由自己的那个信念产生的，把这个负面的情绪彻底清理掉了。

我接待过一个爸爸的咨询，他的第二个孩子是个男孩，才5岁，爸爸说他这个孩子特别逆反，他俩经常互相生气。他有个疑问：难道孩子的逆反期提前到这么早？经过了解，我发现这个爸爸有个信念——孩子必须听爸爸的，所以他对孩子说话，总是用命令、指使的口气。这种情况下，孩子根本不服他，不听他的话，总是与他对抗。此时，爸爸就特别生气，孩子怎么能不听爸爸的话呢？然后更加严格地管教孩子，这样，孩子就越反抗，然后爸爸又越严格……就这样，他们家天天是生气的氛围，孩子已经形成了习惯，把别人和他说话基本都当成了控制，总是对抗着别人。大家看明白了吧？这个爸爸的错误信念让他总是生气着。

2015 年 8 月，一个初中男生上了一期的领袖营，有一天因为写作业的事，妈妈特别生孩子的气。孩子一再给妈妈说明，自己没有惹妈妈生气，妈妈不听，坚决地认为就是孩子让她生气的。妈妈难受了一整天，直到晚上，她和孩子做了个沟通，立即明白不是孩子让她生气的，是她自己让自己生气的。

我举这些例子，是让大家明白每个人情绪的产生核心都是自己，外面的人和事只是诱因。

当你有了情绪时，你是怎么对待它的呢？正确的方式又是什么？

首先，如果你产生了情绪，不管是正面的情绪，还是负面的情绪，一定要释放出来。在中国有很多的人，提倡情绪不外露，不喜形于色，导致很多人有了情绪不是释放，而是克制回去，或者说憋回去。这些克制、憋回去的情绪就积攒在身体里，它转变成一种有害物质，这就是很多人生病的原因。

还有一种情况是，有的人情绪太痛苦，可以用剧烈来形容，所以不敢体验，不敢尝那个滋味，也克制、憋回去了。

再比如，小孩正高兴时，遇到父母正在生气，父母大声地呵斥孩子：“笑什么笑！”结果孩子把这个高兴克制、憋回去了。

憋回来的情绪会造成哪些后果呢？

第一就是导致人生病，这个大家好理解。第二，这个人身上会形成一个按钮，他一遇到类似的事件，立即就会产生和以前一样的情绪。就像我前面举的我女儿的例子，她一看到卖烤红薯的人，就觉得别人可怜，自己就会难过，不舒服。第三，让这个人不能活在当下，看不到眼前的事实，只活在自己的思想当中。就像我的女儿看不到烤红薯的那个人在说笑，始终认为那个人可怜。心理学上把这个叫作“投射”，投射是一个人将内在生命中的价值观与情感好恶影射到外在世界的人、事、物上。

怎么释放情绪呢？

女儿三年级的时候，有一天放学回到家，特别难受，她说：“爸爸，我不知为什么特别想哭。”我没有问原因，把女儿抱在怀里，让她好好地哭出来。她哭得特别伤心，哭完了，我也没有问原因，她只说自己没事了。这就是释放情绪，没有把它憋在心里和身体里。

在我们的生活中，有的人失去了亲人，特别悲痛，如果痛哭一场，这个悲痛也就释放出去了。可是有的人没有把这个情绪释放出去，他们决定化悲痛为力量，这样做往往把悲痛克制在身体里了，会很不舒服。

真理是，不经历情绪的痛苦，不把这个情绪释放掉，就要经历肉体的痛苦，体验肉体的痛苦。所以为了不让肉体上有疼的痛苦，一定要经历情绪的痛苦，把情绪释放出去。我们要让情绪流经自己，通过自己回到宇宙中。这是有了情绪时科学的做法。

有了情绪要释放出去，释放在宇宙中，这是科学的做法。可是有相当多的人，把情绪释放在亲人身上，这个亲人往往是孩子或者是父母。因为释放在孩子和父母身上最安全，他们不会把自己怎么样，永远是自己的孩子，永远是自己的父母。释放在伴侣身上都不太安全，不吃这一套的人太多，有人会因此离婚。所以对伴侣发脾气还有所忌惮，对孩子、对父母发脾气时就为所欲为。如果孩子、父母的能量很高，不接纳这个负面的能量，这就没有对他们造成伤害。可是，在生活中，大部分人的能量不是太高，很多人接纳了这个负面的能量，就会对他们的身体造成伤害。

下面再介绍另外一个对待情绪的方式。大家已经知道情绪来源于自己的思想，是有了思想，然后才能有情绪。当情绪来的时候，我们可以立即切断这个思想，这个情绪也就消失了，这个就相当于有了电流就产生磁场，我们切断了电流，磁场也就消失了。怎么切断这个思想呢？当你不能控制情绪的时候，你可以坐下来，闭上眼睛，把注意力放在自己的身体上，比如，把注意力放在自己的呼吸上、放在自己的腿上等，这时，就切断了产生情绪的思想，这个情绪也就停止了。

如果你有了情绪之后，自己不能解决，可以找心理学家，不过，这个不太方便，同时，每个人有太多的过去，有太多可以让你产生情绪的思想，总不能天天去找心理学家吧。所以，除了以上的方法外，我还要给大家介绍更科学、更方便的方式。

情绪来源于自己的思想，既然这样，最好的方式是当情绪来的时候，我们可以找出导致自己产生情绪的思想，然后把这个思想清理掉，换成真理，以后，再遇到相同的情况，自己才能不再有负面的情绪，让自己平和面对。

比如前面那个送货的司机，如果他明白情绪是由自己的思想产生的，他就可以找出是“所有的老师都懂方向”这个思想让他产生情绪的，再立即把这个思想换成“老师也有不懂方向的”，他就没有了情绪。以后，再遇到类似的情况，他也就更能心平气和地面对，不让自己难受了。这才是彻底地治疗了自己。

那么，要根治情绪，提高自身能量，该怎么做呢？

多承担，少推卸

这里所说的承担责任是指和自己有关的人和事，自己都负责，都是自己的责任。比如，自己的工作、自己的孩子、自己的伴侣等，只要他们有问题，你就说“这是我的责任”，那你就没有情绪。相反，和自己有关的人和事有问题，你不承担责任，还推卸责任，说是别人的责任，你就容易生气。

这个负责是事前、事中、事后都负责，如果结果不好，就主动承担责任；如果结果很好，除了自己的付出以外，你还要感恩曾经在这件事上付出过的所有的人，不能把功劳都算在自己身上。

和自己有关的人和事，自己都负责任，这样的人不仅不生气，而且有力量，能把自己全部的能力发挥出来。那些不负责任的人，不仅生气，而且没有力量，自己的能量也无法施展。好比农民种庄稼一样，庄稼没有长好，没有农民埋怨别人，他们都认为这是自己的责任，所以他们不会生气，如果生气了，那就是怨了别人了。

少评判，多包容

在生活中，有很多的人，他们的评判多，标准多，导致他们心胸狭窄，脾气大。所以，一个人要想更加平和，应当放下自己的评判和标准。那只是自己的评判和标准，不是真理，我们应当学会用宇宙的眼光看一切。用宇宙的眼光看一切，无常的事也是正常的。

一个初中女生曾经被一件事深深伤害了。那是小学的时候，她参加一个唱歌比赛，甲老师说她选的歌行，乙老师说她选的歌不行。她没有在意。正好初赛是甲老师当评委，她顺利通过。进入复赛，她还是选同一首歌参加比赛。她每天都刻苦训练，觉得自己的水平很高，结果复赛是乙老师当评委，她被淘汰了。一个她认为水平比她低的人都进入决赛了，这更让她难受，认为太不公平了。她不理解这件事，对妈妈说了，妈妈说："现在的社会就这样，是不公平的。"当然，妈妈不知道，这样的回答让女儿更难受了，让孩子对自己的未来更没有信心了。

这就是评判对人的伤害。这位妈妈带女儿来向我咨询，我告诉女孩："我是不去评判的，在我眼里，只有不同，没有好坏之分。第一次被选上，只是因为你符合甲老师的标准，不是你唱得真好。第二次没有选上，只是因为你不符合乙老师的标准，不是你唱得真不好。要想取得更好的名次，就要想办法达到更多评委的标准。如果这样想，放下这些评判，心情就好了许多。当然，这还不是最主要的，最主要的是，不管别人是否认可你，你认可自己吗？你认可自己，这才是最主要的。同时，更要明白，你唱歌的目的不是让自己取得名次，变得有名气，而是让自己快乐。如果这样想，就会快乐了。”

在我的眼里，成绩有高低之分，名次有前后之分，它们只有不同，没有好坏，每个人重要的是把自己的能力全部发挥出来，取得最好的成绩、最高的名次，即使最后还是有成绩高低和排名先后。这样想情绪不就永远平和了吗？

少控制，多放手

控制别人的人和被别人控制的人，这两种人的脾气都大。为什么呢？每个人都有自己的人生道路，这是他的自由和权利。控制别人的那个人，你有你的人生道路，你不走自己的人生道路，让别人在你的路上走，那被你控制的那个人还有必要存在吗？他在人世间还有用吗？人都是为有用而活着，没有用处还活着干什么呢？

怎么做正确呢？我的观点是大家讲道理，听道理，谁说的有道理，就听谁的，如果是集体一起活动，可以少数服从多数。

我和女儿沟通的时候，如果想法不一样，我会对女儿说：“爸爸的建议是……如果你觉得有道理，你可以按照我说的去做，如果你觉得我说的不对，没有道理，你就听你的，按照你想的去做。”

什么样的人要控制别人呢？担心多的人，恐惧多的人，觉得前面的路危险的人；觉得自己在别人之上，比别人强的人；看不起别人，觉得别人不行或者别人离不开自己的人。

每个人的核心任务是提高自己的能量，让别人去走他们自己的路，让别人去成长，而不是自己不提高能量，还把别人控制住，不让别人成长，从而让自己有安全的感觉，结果换来的却是经常生气。

分清真假朋友

一位女士来向我咨询孩子的问题，她说她就是看孩子不顺眼，尤其孩子写作业时，总催孩子快点写，结果每天都写到很晚。她很焦虑，她没有解决自己焦虑的问题，却每天治孩子去了。我问她："你最担心什么？"她说："我最担心孩子被人瞧不起，被人孤立。"她为什么担心这些？原来她上小学的时候，她最好的朋友借了她的新裙子穿，她不好意思让人家还，妈妈让她必须要回来。结果，要是要回来了，但人家是甩给她的，说她小气，不是朋友，之后还收买所有女同学，让她们不理她。她就是这样在孤独中度过小学四、五年级的。她一直认为是自己错了，才导致被同学们孤立和看不起。同时，这个经历也造成她总担心孩子被同学们孤立，所以对孩子要求严格。

我跟她讲，这个人是喜欢她的花裙子，不是真正喜欢她，不是真正的朋友，那些被那个人收买的人也不是那个人真正的朋友，是看上她的钱了。她听到这个道理，因为以前的事情所产生的负面能量一扫而光。

之前，这位女士的负面能量一直在家庭中弥漫、传播，影响了夫妻情感，影响了孩子的学习。她把自己的问题投射在儿子身上，总在治别人，把孩子快治成自闭症了，孩子上课都不能听讲，总在自言自语。

其实像这位女士的人还有一些，他们不知有真正的朋友和虚假的朋友，所以让自己的生活不能和平。

明白能量有高低之分

生活中有的人，不知道人的能量有高、有低，他们总用自己的标准，用高的标准、君子的标准来要求所有的人，然后用别人的错误来惩罚自己。

有一个小学五年级的女生李美，她经常生气。为什么呢？别人借了她的东西损坏了，不还也不道歉，于是她特别生气。下次，别人再借她的东西，她认为应该帮助别人，就又借给别人了，别人又损坏了她的东西，不还也不道歉，她又生气了。她妈妈来咨询怎么解决这个问题。

其实只要明白，能量高的人能按照道理去做，能量低的不能按照道理去做；能量高的人能面对这个事，赔偿并道歉，能量低的人不敢面对，不敢承担，推卸责任，并不是所有的人都是高能量的人。

同时要知道，如果别人错了，自己却生气，那就是用别人的错误来惩罚自己，别人一看还以为是你犯错误了，不然，你生什么气啊？

遇到这种情况，只要你想，我是能量高的人、君子，大人不计小人过，宰相肚里能撑船，心一宽，也就过去了。

明白事物有正反两面

如果你明白这一点，你就能经常保持平和，你能减少很多负面情绪。

比如，我用微信给大家讲课，方便的地方是大家什么时候都能听，能躺着听，也能坐着听，这是优点。不足的地方是，有人长时间不听。

提个名包也有正反两面。我见过一个女士，提个名包，总是担心脏了，小心翼翼，放那儿也不放心，把自己搞得挺累。反倒不如提个普通包，随便，不怕脏，不怕丢。

女儿在美国上学，有好的一面，比如在美国体验不同的教育，也有不好的一面，比如远离父母，吃个中国菜也不如国内方便。

成绩好有正反两面，成绩差也有正反两面。成绩好的人累，为了不落后，总得努力学习。学习好的人，在学习方面的能力强，在有的方面一定能力弱。成绩差的人，在有的方面一定能力强，他可能有创新意识，适应能力强，心理素质好，等等。

性格的外向、内向也都有正反两方面，外向型表现为活泼、开朗、灵活，内向型表现为文静、爱思考、细致。两种性格类型都各有其优点和不足，互为补充，内向不是不良性格，外向也不一定比内向好。

明白好坏都在变化中

任何事物、任何人都在变化中，不是一成不变的。明白这一点，容易让你平和。再具体一点说，当事情处在顺境中，你要居安思危，不要得意忘形；当事情处在逆境中时，也不要悲观失望，因为黑暗之后是黎明。这是事物发展的规律。

大家都知道塞翁失马的故事。塞翁丢了一匹马，别人都认为是坏事，他说不一定。没过几天，这匹马回来了，还带回来一匹骏马，别人都认为是好事，他说不一定。他的儿子骑着这匹马跌了下来，摔断了腿，别人又认为这是一件坏事，他说不一定。当时发生了战争，政府在征兵，他的儿子因为摔断了腿，所以没有参加战争，活下来了，而很多人战死了。

多角度看问题

有这样一个故事：一个总统带着妻子去建筑工地视察，正好遇到妻子的一个小学同学，这个同学是建筑工地的一个建筑工人，曾经喜欢过总统夫人。总统自豪地对妻子说："你嫁给我证明你嫁对了，如果你嫁给他，你现在就是一个建筑工人的妻子。"

妻子反唇相讥："如果我嫁给了他，现在当总统的就不是你了。"

可见，同样一件事情，每个人的观点是不同的。

一个人能够从多角度、从别人的角度看问题，就不会钻牛角尖，心情容易平和。

最后，我做个总结：如果大家今后有情绪的时候，一定要从自身找原因，清理掉让自己产生情绪的思想，不断地治疗自己。这是提高自己最快的方式，也是提高自己最重要的方式。

另外，大家刚明白有关情绪的原理，能量不会一下子就达到很高，这是一个过程，要持续一辈子，不能操之过急。

幸福、喜悦是一种感觉，这个感觉是由思维决定的，同样一件事，你这样想，难受，换一种想法，你就平和、喜悦。所以，当你清理掉让你产生负面情绪的思想后，一定要把它换成一个让你平和、喜悦的思想，这个让你平和、喜悦的思想才是真理，才是你应该有的。

第四章 关于学习

要谈学习，首先要理解什么是学习。

什么是学习？学习有两方面的定义。

狭义：通过阅读、听讲、研究、观察、理解、探索、实验、实践等手段获得知识或技能的过程，是一种使个体可以得到持续变化的行为方式。

广义：是人在生活中，通过获得经验而产生的行为或行为潜能的相对持久的行为方式。学习贯穿每个人的一生，每个人需要养成终身学习的好习惯。

从上面的定义可以看出，学校里的学习并不是学习的全部，只是学习中的一小部分。从学习的方式来说，在学校里基本上通过阅读和听讲这两种方式来学习；从学习的内容来说，也只是学科方面的学习，并不包括人生的方方面面。

在学校里的这些学习特别重要，不过，对人生也不起决定性作用。也就是说如果你当学生期间成绩很好，只代表你读书的本事很高，人生不见得就是你想象的优秀。

下面我主要谈一下学习的规律，也就是如何能培养一个学习成绩又好、素质又高的孩子。

第一节

优先培养八素养

我的孩子出生于1995年3月，她在2014年12月被美国名校全奖录取。我们在孩子读小学一年级的时候，就基本上已经处理好孩子写作业的问题，所以我们越来越轻松，没有因为孩子写作业而发愁，孩子的作业从来都是她自己负责。

2015年8月，先是廊坊日报社记者打电话，采访我关于暑假作业的问题，随后又是廊坊电视台采访同样的问题。

我和女儿在2015年8月又通过微信给父母们讲课，短短几次讲课听众就达到了500人。在暑假快结束时，众多家长在微信群中谈到了假期的作业问题，他们特别头痛孩子的作业不能按时完成。

我在微信群中看到了家长发来的文章——《孩子写作业，难倒多少父母！》，文章中提到有很多不爱做作业的孩子，而且程度都比较严重。有的孩子作业要写到深夜，其间伴随着各种磨蹭和烦躁，家长看着就抓狂；有的孩子干脆为此说谎，故意少做作业；还有的孩子完全被畏难情绪淹没，无论如何都不肯做；等等。我又回忆从事教育工作多年来家长的咨询，知道了孩子写作业这个问题在中国的广大家庭中是一个普遍令家长头痛的问题。下面，我讲一讲我在孩子写作业这个问题上为什么越来越轻松。

一、兴趣优先于学习的结果

要想让孩子热爱生活和学习，父母首先要学会肯定和表扬的方法。

你的孩子多大了？你还记得孩子开口说话时说的是哪几个字吗？也许是“妈妈”，还有“爸爸”，还有“水”，还有“姑姑”，等等，那时你的心情如何？是不是可以用欣喜若狂来形容？亲吻他，拥抱他，迫不及待地跟他的爷爷奶奶、姥爷姥姥等亲人分享。这个欣喜若狂的能量就能让孩子更愿意说那几个字，同时，孩子说话就和美好的感觉联系在一起，一开口说话，一提起说话这个事就有美好的感觉。孩子刚开口说话的时候，每个字都说得非常清楚、标准吗？你纠正了吗？如果你发现他说话不清楚、不标准，就去纠正孩子，让孩子一遍又一遍朝着标准、清楚的发音练习，你觉得这会发生什么事呢？孩子会特别痛苦，会特别恐惧说话，说话会变得很没有意思。家长如果多次这样做，孩子一说话就和痛苦的感觉联系在一起，就特别不喜欢说话。

按照这个原理，在孩子小的时候，不管他做了什么，比如拿笔画画、拿书阅读、洗了一个碗、扫了一次地等，如果你都表现得欣喜若狂，跟亲人分享，还亲吻他、拥抱他，再说出肯定的言语“你是一个爱学习的人”“你是一个有能力的人”“你是一个孝敬父母的好孩子”“你是一个有爱心的好孩子”……这样，谁不热爱生活和学习呢？

反之，如果你要求得比较严，孩子刚开始做一件事，你就高标准严要求，这就破坏了孩子的感觉，孩子做这件事就和痛苦的感觉联系在一起。如果一个孩子不管做什么事，都和痛苦的感觉联系在一起，这个孩子将对生活没有兴趣，对未来失去信心，状态萎靡不振。

因为对孩子来说，刚开始做事情，好坏不是最重要的，最重要的是兴趣，是喜欢做，是生命的状态好。喜欢做，做多了，自然就做得好了。

这个肯定、表扬法要贯穿孩子的幼年和童年，甚至少年时期，大量的事实证明，这样做的效果特别好，培养出了众多优秀的孩子。

二、负责任的精神优先于作业全对

为了让孩子长大后能独立、负责任地学习和写作业，家长和老师首先要重视的是让孩子明确学习、写作业是谁的事情，是谁该负责任，做好了谁最受益，做不好谁最吃亏。如果把这个问题解决好了，孩子的学习态度会端正，就会重视这件事。

小的时候在孩子能力不够时，就要开始培养他自己的问题自己解决，他解决不了的，父母帮他一些忙，是帮忙，不是代替。什么是帮忙呢？就是让孩子得感谢父母为他所做的事情。他懂得感谢，就代表他知道了这个事是他的事。这是良性循环的开始。

如果没有感谢这个动作，就代表这个事是父母的事，是父母在负责任。这样会导致孩子越来越不负责，父母越来越负责任，这就是恶性循环的根源。

责任让人有力量，让人发挥出巨大的潜能。我孩子的学习之所以让我们越来越轻松，就是因为我们从她小时起就培养了她的责任心。她 2015 年被美国名校全奖录取后，我问她："你为什么会对学习这么负责任，不让父母操心？"她说："爸爸，就是因为你从小就告诉我学习是我的事。"听到这样的话，经常有人就说："那就是孩子的学习不用大人管了？"也不是这个意思，一定要管，是管到孩子认为学习是他自己的事这样的程度，不能管到孩子认为学习是大人的事这个程度。

有相当多的父母管到了孩子认为学习是父母的事的程度。对此，我要说的是，父母要有分寸，有界限。孩子是一个有独立个性的人，要尊重他，不能把孩子当作自己的私有财产，随意处置。如果是这样，就是纠缠的关系，分不清是谁的责任了，所以才有以后在学习上的混乱情况。也就是说，在刚开始培养的时候，就要在学习这个过程中，把"家长的责任是哪些""孩子的责任是哪些"明确了。家长的管也就是到这个程度。

三个和尚没水喝的故事大家都知道，三个人负责寺庙的生活用水，结果就是没有人负责。在企业管理中，也有一点特别重要，就是岗位责任制，责任到人，即每个人都要知道自己的责任，对某件事情负责。这样才能使整体中每个部分的工作做到位，团队工作才有效率。在企业中，单位和人之间是合同约定的关系，而在家庭中，人和人之间是亲情、血缘关系，这个分寸比企业管理中管理员工还难把握，这就是有相当多的企业家、管理工作者能管好下级，却无法管好自己孩子的原因。

要培养负责任的精神，就要全面培养，就是所有和学习有直接关联的事情，都由孩子负责。比如，上学起床，整理书包，削铅笔，写错了自己擦，记录老师留的作业，写作业，学习好了自己享受荣誉带来的成就感，没有把学习搞好就主动承担由此带来的结果，等等，这些都应当由孩子干，由孩子负责任，由孩子承担。当然，孩子刚开始是不能做好的，家长的重点是教会孩子做，孩子忘记时提醒，孩子做不好时纠正，但是一定是帮忙的性质，而不是代替孩子去做。

我的孩子开始上学时，一些有关学习的事，都是由我们先教给孩子，并告诉孩子："这是你自己的事，我们教会你以后，就要你自己去做。"甚至是独立生活方方面面的事都让孩子自己去做，比如，自己擦自己的皮鞋，自己叠被子等，逐渐让她对自己的学习、生活负全责，也就是随着孩子年龄的增长，让孩子对自己负的责任越多、越大，而不是一下子让孩子负全责。因为孩子在成长中，年龄小的时候，能力也小，负责小的事情，年龄大了，能力强了，负责大的事情，直到能负全责。

比如，孩子上一年级时，她已经适应了上学，其他小事她早已经会干了，有一天我就跟孩子说："吕卓颖同学，你已经是一年级的学生，长大了，上学起床这件事该你负责了，爸爸给你买一个闹钟，由它叫你起床。”我教会她如何使用以后，基本上我和她妈妈就没有再管过她起床。这样的沟通很有效果，这是负责任精神的一个体现。

后来，我在多年接受家长咨询的过程发现中，所有对学习负责的学生，都是父母在孩子第一次时做对了。比如，有一个学习特别好的男孩，他对学习特别负责任，为什么呢？在他刚上一年级时，学校老师让家长一定要亲自检查孩子的作业，作业全对后家长还要签字。妈妈很纠结自己到底应不应该替孩子检查。如果替孩子检查，她从心理上觉得这样做不对；不替孩子检查吧，这是老师布置给家长的任务，老师说不检查是对孩子的不负责任。她就来咨询我，我对她说，应当优先培养孩子负责任的精神，而不是先让作业全对，这是良性循环的开始，否则会形成恶性循环，以后会让家长特别累。

她明白了这个道理后，回去后是这样做的——

当天，孩子完成作业后让妈妈检查，妈妈就问孩子：“都有什么作业？都完成了吗？”孩子一一回答了妈妈。孩子说完后，妈妈就在作业本上签上了自己的名字。那天放学时孩子回到家，哭着对妈妈说：“妈妈，你昨天检查我的作业了吗？老师批评了我，因为里面有两道题是错的。”

妈妈认真地说：“孩子，妈妈签字是因为你完成了作业，这是妈妈的责任。作业的对与错是你的事，那个不归我管。”这也是孩子的第一次，特别有效果的一次沟通，让孩子明白了什么事是妈妈的责任、什么事是自己的责任。

奥宇学校培养了很多优秀的学生。有一位姥姥，她的外孙女何宜璇在奥宇学校上了几年的逻辑狗思维训练，还读过经典诵读。当时孩子的进步特别大，之后这个孩子特别优秀，学习不用大人操心。这位姥姥以后每年都会来到奥宇学校看望老师，非常让我感动，每次都是坐公交车来，到了就给我们谈孩子的变化。现在孩子都上高中了，她每次都笑容满面地感激我们，说我们在孩子小的时候的教育，一直影响着孩子成长。还说我的第一本书《阳光女孩　阳光教育》她都看了两遍了，孩子看后，主动学习英语，非常受鼓舞。有一次她提到，在她外孙女上学前班的时候，第一次学校留作业，别的家长都在黑板跟前替孩子记录有什么作业，她的外孙女奇怪地问："姥姥，别的大人都在抄作业，您为什么不给我抄呢？"姥姥认真地说："抄作业是你的事，我不能替你抄。"

这是孩子优秀的秘密，所有对自己学习负责任的孩子，都是父母一开始在这一点上做对了。负责任的精神优先于作业的全对。

三、提高能力优先于完成作业

要培养孩子对学习负责任的精神，就要有一种理念。什么理念呢？

孩子上学了，周六、周日老师布置了很多作业，你周六、周日也有一些事要带着孩子一起，如果孩子作业没有完成，和你的安排冲突了，你会怎么办呢？

不培养孩子负责任精神的家长，会牺牲别的事来让孩子写作业。这样做得多了，以后孩子往往不会安排、计划自己的学习，因为再不安排，安排得再不科学，家长都会牺牲别的事来让他写作业。

我是怎么做的呢？我会提前给女儿说清楚：“孩子，爸爸妈妈周日下午2点到5点会带你到××地方去，你把你的作业安排好，别影响了咱们一家的行动计划。作业最好在周日下午2点之前完成，这样大家会玩得开心，放得开。”大家猜一猜，她到周日下午2点之前写完了吗？一般情况下不会，因为孩子年龄小，没有经历过这样的事。这时我会说：“没有关系，咱们一家的计划不会变，继续玩去，回来后你再抓紧时间完成作业。”我还会特意晚回来，到了5点还继续玩。经过这件事女儿就明白了，回来会抓紧时间写作业。以后就不用说了，再遇到这种情况，她就会提前安排好自己的作业了。我的目的就是让孩子明白，学习是她自己的事情，是由她自己安排的。

前一种做法是牺牲别的事，留出时间来让孩子学习，让孩子不用承担自己没有安排好的后果；后一种做法是让孩子承担没有安排好自己的学习和生活的后果，提高孩子统筹安排的能力，让孩子变成一个对自己的学习负责任的人，变成一个有能力把学习、生活安排好的人。

四、承担后果优先于完成作业

孩子还小，能力有限，我们是要培养孩子负责的这种精神，而不是要求孩子当下就已经会对学习负全责，不犯一点儿错误！家长要宽容，要允许孩子犯错误，当孩子犯错误时，不打不骂，而是引导孩子把没有负好的责任重新负起来。特别强调一点，不是父母替孩子负责。

比如，如果孩子忘记了记录作业，家长不要为了让孩子快一点儿完成作业，就自己给孩子老师或者同学打电话把作业问清楚了，而要教会孩子在这种情况下应当怎么办。这是处理问题能力的培养。

如果让孩子给老师打电话，先让孩子练习一下说："老师，对不起，我错了，我忘记记录作业了，麻烦老师再给我说一遍作业好吗？"

如果孩子没有完成作业，就要让孩子勇于面对老师，承担责任。具体做法就是给老师道歉："老师，是我的错，我没有完成作业，我今天一定补上。"

如果家长是这样对待孩子的，这个负责任的精神很快就能培养出来。

有的家长不懂这个道理，对孩子要求得特别严，不允许孩子犯错，犯错时不是骂就是打。事实上，因为你打了骂了，孩子因为你的打骂已经平衡了，他会想着：我犯错了，你已经打了骂了，我已经不欠你人情了。所以往往不会再改了。

还有一种情况，就是当孩子没有负责任时，家长比孩子自己着急，这也是家长对孩子的不负责任负了责任。这样，孩子也是不会改的。

五、诚实做人优先于完成作业

做人和学习往往是融合在一起的，在学习中学会如何做人，在做人中学会如何学习。

你的孩子在做作业时，有没有不会的题？他不会的时候，你是如何做的呢？当然你会给孩子讲一讲。如果你都会呢，你都给孩子讲一讲。如果你怎么讲孩子也不会呢？如果连你自己也不会呢？

有的家长就让孩子抄作业来应付老师，因为担心作业没有写完，老师会批评孩子。为了不让老师批评孩子或者不敢面对，就不诚实、说谎，这样的做法一方面是看不起老师的表现，把老师当成了水平低的人，一方面也会使得孩子恐惧老师、恐惧学习，不能面对不会的题，也不能面对老师，会很纠结。这正好养成了孩子不正确的学习态度——遇到不会的题，不是用心研究，不是接纳和面对，而是说谎。

正确的做法是，先教会孩子诚实地做人，到学校后首先主动向老师说明："老师，我用心做了作业，可是有一道题不会做，所以空在那里没做。"但不要等到老师问的时候再解释，因为这样就有产生不信任的可能。

我的女儿小学一年级的时候，遇到一个很严的老师，这个老师要求必须把作业写完，不完成会挨批评的。有一次女儿有一道题不会做，就问我。我为了消除女儿对老师的恐惧，使她对学习有一个正确的态度，就没有给她讲这道题，而是让她诚实地告诉老师自己不会做。女儿当时很害怕，我就说："女儿，你放心，老师严是想让你们认真写作业。老师可好了，如果你认真做了还是不会，你主动跟老师说明，老师不仅不会批评，还会认为你是一个诚实、学习态度端正的好孩子。"女儿第二天一到学校就先找到这个老师这样做了，结果很好！从此，她对老师的恐惧感消除了不少，学习态度也端正，认真学习，遇到不会的题也不纠结，也是一个诚实勇敢的人。

六、责任明确优先于学习

责任明确就是各负其责，不纠缠。如果父母替孩子负了责任，孩子就没有必要负自己的责任了。这是很多家庭因为学习、写作业而混乱的原因。

怎么样能做到各负其责呢？必须经过事件的发生，在孩子不会负责任的情况下，在事件当中，家长明确各自的责任，然后孩子理解了，学会了，从此再也不用家长操心了。

我的女儿小学一年级的时候，和其他的孩子一模一样，周六、周日的作业，个别时候在老师的鼓励下，周五就写完了，周六、周日痛痛快快地玩，多数情况下，她是每天写一点儿，直到周日下午6点之前写完。周末的作业最晚周日下午6点写完，这是我们家的原则。可是有一次，她周日下午6点了还没有写完，吃完晚饭后，她才开始写，晚上9点了，还在那里急急地写。

我家的规矩是，她9点就要洗漱完上床睡觉。现在都晚上9点了，她还没有写完。我心情是平和的，态度却是坚决地要夺她的笔，抢她的作业本，不让她写。她急坏了："爸爸，我马上就写完了，写不完，老师会批评的。"

我沉着冷静地说："你的行为就该让老师批评，是你没有安排好自己的生活和学习，老师批评你是应该的，有这样负责任的老师教你我特别放心。当然，只要你改变了自己的行为，把生活、学习安排好，老师不仅不会批评你还会表扬你呢！"

我这边不让她写，她那边急得紧张地写，我又假装夺她的作业本，抢她的笔，说："你的健康我负责，现在到9点了，别写了，要睡觉了。你的学习你负责，你换个别的时间写吧。"

她说："那我明天早晨起早点再写。"

我坚决地说："不行，那样还是影响了健康，这是我负责的。你想别的办法吧。"

她就在忐忑不安中把作业写完了，洗漱完后睡觉！

下一周的作业，你们觉得她安排好了吗？我告诉大家也没有，我们家又重演了一遍前面的剧情。

事后，我和女儿真诚地做了一次沟通，我问女儿："女儿，爸爸问你，你以前有几次周五就把作业完成了，大部分的情况下，你是周五、周六、周日各写一些，到周日下午6点之前把作业写完，最近两次是周日晚上还在写，爸爸又不让写，你特别紧张地写，爸爸问你，哪一种做法最好呢？"

她说："周五写完的时候，有一种成就感，可是比较累；周五、周六、周日各写一些，这样最轻松；周日晚上写这个太难受，太纠结！"

我就对女儿说："从今天起，爸爸希望你就永远用第二种的方式写作业。"

从那以后，女儿的学习和作业问题，我就再也不用负责任了！因为我的所作所为，就一个目的——学习是她的事，归她负责，我们各负其责，把我家变成一个最和谐、最幸福的家庭。

七、自信优先于学习知识

自信是信赖自己具备所需的能力。自信对一个人做事特别重要。一个人对一件事有自信，相信自己行，是做这件事的前提。如果他不自信，认为自己在这件事上不行，他就会自动放弃做这件事。所以，孩子学习的过程，一方面是学知识的过程，另一方面是让他永远充满自信的过程。

不论发生任何事，都别破坏一个人的自信，别破坏一个人对自己未来的希望。有希望才去做，没有了希望，也就放弃了。所以，自信优先于学习知识，希望优先于学习知识。

女儿刚上学时，不管是语文作业还是数学作业，有做对的题，也有做错的题，甚至有明明会也做错的题，也有明明说的是加法却写成减号等问题。这是每一个孩子学习当中都会遇到的事，因为孩子的大脑没有发育健全，手、眼、脑的协调能力还在发展阶段。可是却有很多的家长过分强调孩子的错，认为这是马虎造成的。

我要说的是，孩子再认真也可能出现这种错误，我们家长可以培养的是孩子认真做事的态度，只要孩子有这方面的意识就行。比如，做完题后检查这个习惯是要培养，可是我们还得明白，孩子检查了也不一定能检查出错误的地方，也不是一检查就一定能把错误的地方检查出来。

正因为如此，我的女儿做完了作业，如果我发现了错误，我就会说："孩子，你做了这么多的题，这些题我俩的答案一样，就这一道题我俩的答案不一样，也不知我俩谁的对谁的错。”我不会直接说女儿错了，因为这样会伤女儿的心。

她认真一检查，结果是她错了，她高高兴兴地改了。

然后，我告诉她：“写完作业应当检查，要不有了错也不知道。”

以后，她写完作业后，我就先问她检查了没有，她如果已经检查了，我就表扬她做得好。我再仔细看一下，如果发现了错误，我又会说和上次一样的话，然后和她一起验证谁的对。结果是她错了，她又认真地改了。

这样几次后，她就有点接受不了了，不高兴地说：“爸爸，怎么总是您的对、我的错呢？”这样已经让孩子的信心减弱了，因为在一件事上总是不如别人，孩子就对这件事没有信心。如果在很多事上总不如别人，就会对自己没有信心。所以，我要让女儿有一种感觉，自己也有比爸爸强的时候，自己能行。

有一次，她做完了作业，检查完后，我觉得她有道题错了，我就说：“孩子，这些题我俩的答案一样，就这一道我俩的答案不一样，我们检查一下到底是谁的对？”结果一检查，是她的对，我错了。

通过这件事，孩子对学习更加自信了。为什么能更加自信呢？培养自信优先于学习，自信的重要性大于学习和知识。

如果我和女儿下跳棋，一方面，我要让着女儿，多让女儿赢，让女儿充满自信，愿意下棋；另一方面，让她赢三四回之后，我就要赢一回。让女儿多赢是为了建立自信，对未来充满希望，自己偶尔赢一回，是为了让女儿知道输赢是正常的。当我赢了一回后，她不高兴甚至用带点威胁的语气说："我不和你玩了。"我心平气和地说："我才赢了你一回，你就不玩了，你都赢了我好几回了，我早都不想玩了。"然后她又和我玩了起来。这样，她不仅知道了输赢是正常的，而且会站在别人的角度看问题，具有同理心。

八、良好的心理素质优先于技能

良好的心理素质和人们所学的专业知识、技能一样重要，它们一起构成每个人飞向蓝天的两个翅膀。心理健康与人们的身体健康、学习、成功、幸福等皆有密切的关系，所以，我们不论是作为家长还是教育工作者，都要重视孩子的心理素质和心理健康。

我在女儿小学的时候，就把她的心理素质锻炼得特别过硬。

下面我就说一说我是如何锻炼我的女儿的心理素质的。

我的女儿在2002年的一天，由于看到一个哥哥弹琴，迷上了弹琴，缠着要学，我就给她在少年宫报了名学弹琴。刚开始由于比较简单，女儿热情又高，学习效果很好。随着学习的深入，难度越来越大，除了老师要求的每天练习40分钟外，她姥爷还会延长她练琴的时间，经过一周时间，女儿也弹得比较熟练。

这个阶段我在石家庄工作，都是姥爷送女儿去弹琴的。2003年底，我回到了家，每周接送女儿弹琴的事就由我接手。我发现女儿一路上有些紧张，进教室前更紧张。我拉着女儿的手，发觉女儿的手冰凉冰凉的，就问："孩子，你冷吗？""不冷。""你的手为什么这么凉啊？”“爸爸，我害怕，我紧张，我弹得不好。”

我拉着女儿的手说：“我们是来玩的，不会就不会，别害怕，有爸爸理解你。”

走进教室前，我伸出右手掌：“孩子，来击掌一下，壮壮胆，别害怕。”

最后，看着我向她高高竖起的两个大拇指，女儿勇敢地走进了教室。

可是，当老师来检查的时候，女儿非常紧张、害怕，原来会的，现在也不会弹了。课堂上，几乎白坐在那儿，只是机械地学着。我及时地告诉女儿：“学多少算多少，只要你肯学，爸爸就很满意。”我向她竖起的大拇指一直在激励着女儿，女儿情绪稍微好了一点，还在坚持学。

下课以后，我慢慢地问女儿：“孩子，本来你弹得比较好，为什么老师检查的时候，就弹得不好了呢？”

“我紧张，害怕。”

“孩子，你体会一下，紧张和不紧张哪个好？你不紧张，弹得很好，紧张了，本来能弹好的曲子，也弹不好了，你是喜欢‘紧张’还是‘不紧张’？”女儿当然明白了。

我又说：“孩子，你经常在电视上看体育比赛，参加比赛的都是各个国家最好的运动员，他们都有能力完成动作，可是有的人却在比赛时失败了，原因就是紧张。孩子，爸爸相信你以后遇到大事会沉着冷静的。别人紧张 1 小时，你紧张 10 分钟，别人紧张 10 分钟，你紧张1分钟，好不好？”女儿大大地松了一口气。

以后，每次女儿遇到“大事”前，我都会先对她竖起大拇指，再与她击掌几下，对她说：“你叫‘沉着冷静’。”又让她反复体验了“紧张”和“沉着冷静”的区别，甚至训练她假装紧张干一件事，又假装沉着冷静干一件事，她演得惟妙惟肖。

慢慢地，女儿状态越来越好，胆子越来越大，再也不紧张了，就是偶尔说一下“爸爸，我紧张”，还没说完，就会马上改口：“爸爸，我不害怕不紧张了。”严重一点的事情，只要我一个信任的目光、一个竖起的大拇指，她就能马上进入状态。

有一次，经过一周的练习，一首曲子她练得不是很熟练，在老师检查时，意想不到的事情发生了，她这次弹得最好，比练习时都好，老师表扬了她，她自豪地对我说：“爸爸，我一点儿也不紧张。”我对她竖起大拇指，表示祝贺。

这年正月初五，我们带着女儿在儿童乐园玩，有电视台采访，女儿有点紧张和害怕，不想接受采访，妈妈开始赏识她：“孩子，你不是老想当明星吗？你不是叫‘沉着冷静’吗？”话还没有说完，女儿就说：“好，我去。”妈妈还想教她怎么说，她却说：“不用你教，我想怎么说就怎么说。”

她站在了记者面前，我不失时机地向她竖起两个大拇指，女儿更自信了，神采飞扬，她的回答令记者很满意，上了廊坊电视。

在不到一个月的时间内，我通过这种训练把女儿的心理素质锻炼得特别强，连害怕炮声、胆小的毛病也随之消失。

在孩子学习时，很多家长习惯在背后指指点点，指责孩子；在孩子考试前，有的家长喜欢给孩子增加压力，告诉孩子只能进步不能退步，或是允诺达到什么结果就满足孩子的心愿……他们的这些行为在严重破坏孩子的学习兴趣，伤害孩子的自尊和自信，让孩子的心理素质变得越来越差。真是得不偿失。

总结一下本节内容：要优先培养孩子的负责任的精神，优先培养孩子诚实的品质，优先培养孩子与人交往的能力，优先培养孩子解决问题的能力，优先培养孩子勇气，优先培养孩子的自信，优先培养孩子的心理素质。这些是一个人能做好事情的前提，是孩子能学习好的前提。

家长对此要有耐心，这是循序渐进培养出来的，在不会、不能负责任当中变成的，这就是培养。这些要优先于学习先培养出来，也就是说，这是孩子一开始学习就要培养的。以上我讲的内容，在我女儿上一二年级的时候，就已经完成了。所以，我这样的家长后面就越来越轻松。如果一开始没有优先培养这些方面，只是一味地抓学习，家长基本上会越来越累。

而且这些素质、素养的培养是要贯穿孩子整个成长阶段的，也就是说，在学习的过程中，在家长陪伴孩子的过程中，核心是要把这些素质、素养培养出来，把这些培养出来了，做人这方面就培养成功了，孩子会为人处世了，能力也培养出来了，学习和做事也就没有什么问题了，学到的知识、提高的技能也能发挥好的作用了。

很多家长培养孩子越来越吃力，孩子越来越让家长操心。为什么？就是因为这些家长和我做的正好相反，他们永远不顾别的，只担心耽误了成绩，落下了知识怎么办。

我在接受咨询的过程中，经常遇到这方面的咨询。比如，有个初中生因为全班同学都在说话，老师却只批评、处罚了他一个人，觉得非常不公平，生气、难受，也不向老师请假，就决定第二天不去上学了。他妈妈首先担心的是孩子落下了功课怎么办，而没有首先想到为人处世没做好怎么办。长期更重视知识，而不是更重视为人处世，所以导致孩子都初中了，还处理不了这样的事情。同学们都在说话，老师只处罚他固然有老师不公的一面，但也一定有这个孩子自己的原因，怎么能全抱怨老师，不找自己的原因呢？

所以，我呼吁家长们在培养孩子时，把以上这些素质、素养优先培养出来，当知识、成绩和以上素质、素养的培养产生矛盾的时候，优先考虑培养这些素质、素养。

第二节

用新角度看学习

一、布置作业须因材施教

我曾经当过十多年的中学数学老师，而且全是班主任，我那时候是如何给学生留作业呢？

喜欢数学，学习成绩好的学生，他们能轻松完成课本上的作业，他们愿意的话，我就额外给他们留课外作业；成绩一般的学生，只要完成课本上的作业就行；成绩比较差的学生，我就跟他们说："你们能完成多少就完成多少，实在不会的不需要做了，不用抄别人的作业。"

其实我对所有的学生都是这样要求的，不会的就不用写了，留着等老师讲，老师讲了之后会了就行了，实在不会，也没有关系。这才是因材施教。同时，我不想给我的学生造成压力，导致他们做一个不诚实的孩子，抄一抄来应付我。与其这样，还不如多点时间做点别的事情，比如阅读课外书，做点家务事，玩一会儿，参加体育活动锻炼身体，和人交往，等等。

这样的结果是，我的学生学习态度特别端正，学习热情高涨，学习效率提高，学习轻松、快乐。

二、解决问题才是真本事

大家都想让孩子的学习成绩好。

要想学习成绩好，大家要知道，学习一方面是要学会一些知识点，另一方面是要会用这些知识点来解决问题。

我就以初中数学来举例，比如勾股定理，直角三角形的两直角边的平方和等于斜边的平方。这是知识点，你要记住，你要理解，你要会证明。然后你就要用这个知识点来解决问题。会使用知识点来解决问题，这才是真正的本事。

如果一个人利用知识点解决问题的能力是一定的程度，如果最高能力用10分来表示，他的这个能力是8，那么他把所有知识点学会以后，他考试时的分数基本上总在80分上下，另一个人这个能力是6，那么他把所有知识点学会以后，他考试时的分数基本总在60分上下。

知识点好学会，智力在正常范围内的学生基本上都能学会，要想提高分数，核心是要提高利用知识来解决问题的能力。

这个能力，一方面要通过做数学题来提高，更主要的一方面是在做数学题以外的地方来培养，比如培养孩子的逻辑思维能力、推理能力、空间想象能力等，这些能力要在孩子小时候核心培养，因为小时候大脑在发育阶段。这个能力还能在生活中得到提高，在独立完成一些事中提高，在家务中提高，在游戏中提高，在旅游中提高，在运动中提高，在体验、实践中提高，等等。

现在，在我们的教育体系中，基本上就只是靠大量做题来提高，一些所谓的名校，都是在这方面做到了极致。他们这样做的目的只有一个，那就是分数。分数是多得了十几、几十，有得就有失，失去的是什么呢？失去的可能更珍贵。然而学习不应该是这个样子，生活也不应该是这个样子。学习离不开做题，但学习不能演变成大量做题，生活也不能只有做题，生活应该是丰富多彩的。生活越丰富多彩的孩子，能力越强。如果学习只有做题的话，我们的学习好像已经完全脱离了生活，而不是为生活服务了。

我的女儿上的是美国最好的高中，他们是正常的周六、周日有作业，因为上了一周的课，会布置正常的作业，如果遇到长假，比如春假十天、某个节日放假几天、圣诞节、暑假，一概不留作业。他们的观点是，放什么假，就做这个假期该做的事。

我不是说美国的教育好，说中国的教育不好，我的意思是，这两种教育方式各有长短，它们只是不同，各有特色。但是，我们能不能从他们那里得到启示，把我们的不足改一改呢？明知有不足，却一直找各种借口不去改变，才是我们最大的不足。

三、认真不是只图形式

我的孩子是个女孩，从小一直听老师的话，对学习特别认真。这有两方面的原因，一方面是因为她自己的个性，另一方面是因为老师厉害。她怕老师，所以她得按照老师说的去做，这也是老师厉害有利的一方面。当然，老师厉害也有不足的一面，我也得把这个不足对女儿造成的影响给改变过来。所以，每次女儿跟我说一件事要刻板地按照老师说的去做的时候，我都会跟她说："女儿，你误会老师的意思了。老师说厉害话是为了对付那些不认真学习的学生，或者是防止学生不好好学习。如果你是认真、用心学习的，就不用应付老师，也不用害怕老师，不用刻板地按照老师说的去做。"

有很多家长要求孩子写作业时要一笔一画认真地写。这种人不理解什么是认真。认真最核心的部分是"心"上的认真，而不是形式上的认真。如果你过分强调形式上的认真，就会造成孩子内心的应付。学习要有方法，要有轻重缓急，要知道什么时候要认真，什么时候可以应付，什么时候可以潦草。

慢慢地，女儿就理解那些厉害的老师了，也理解我的思想了，她就开始按照我说的去做。在她 11 岁的时候，有一件事证明她已经领会了。

有一次期末考试前，她主动买了五份卷子，正好让我看见了，因为我一直不主张为了成绩而大量做题，我就说："吕卓颖，你不用五份卷子都做，做一份就够了，检验一下就行。"

没有想到她说："爸爸，我不做！"

她看到我一副不明白的样子，解释道："我只看一看就行。"

她是什么意思呢？"我看一看，专找不会的，会的就不用做了，不会的我再做。”

这是学习态度端正、学习目的明确的表现，这种学习方法效率高。这也是我一直以来核心要培养的。

四、最刻苦不代表最有效率

在女儿小学、初中的班级里，在我当班主任老师的十多年时间所带的每个班级里，都有这样的学生——他们特别听老师的话，老师的话总是听话照做，学习特别刻苦，特别认真。这样的学生，小的时候成绩总是名列前茅，但是随着年龄增长，学习的科目越来越多，学习越来越紧张的时候，就慢慢消失了，有的在初中消失了，有的在高中消失了。你想不到，他们最后的结果和他们小时候的付出、成绩太不匹配了，有的甚至累病了，休学了，有的不能正常参加工作。

在女儿初中时，我曾经让女儿调查、观察班级里、学校里成绩拔尖的学生是如何学习的。女儿当时上的初中是廊坊最好的初中，她还在重点班里，在他们班级里前几名的学生就是学校的前十名，他们年级有一千多名学生。

女儿有一个发现，他们班级里有几个学习特别好的学生，经常周四下午请假不上学。她一调查，这些学生请假都是在家里睡觉。为什么他们周四下午请假呢？因为周四全是副课，好补。上初中了，学生的作业特别多，学生都是早起晚睡的，睡眠不足。人家敢这样做，就是因为这是一个能保证学习效率的好方法。

五、写作业不等同于学习

大约在2010年的时候，有一个初中男生的妈妈来向我咨询，她说她的压力太大了，快受不了了。她的情况是这样的：她的孩子在廊坊某个中学上学，她的孩子从小到大都是这样，上课听一听讲，如果老师布置的作业少，他就自己独立把作业写一写，如果老师布置的作业太多，他就不写了，让妈妈替自己写。可是她的孩子特别爱学习，就是不爱写太多的作业。怎么能证明呢？她的孩子每天读的书是《资治通鉴》，读得津津有味，看电视的话只看电视台对外的英语节目，英语也学得超过一般的学生。就是这样学习，她孩子的考试成绩也是班级里的十名上下。老师知道她的孩子的潜力特别大，有一次让她的孩子代表学校参加奥数比赛，获得了第一名，所以老师觉得她的孩子稍微一用功，学习成绩就会是班级的第一名。可是这个孩子就是不愿意在成绩上、在名次上多花一点儿精力。老师让家长配合抓这个学生的学习，对这个妈妈说："如果你不抓，就是对孩子的不负责任，就不配做妈妈。"这个妈妈特别纠结抓还是不抓。我就对她说："你的孩子特别优秀，孩子不愿意你就不用配合老师了，如果你配合了老师，只是为孩子的分数负责，老师是高兴了，却不是为孩子的一生负责。如果你不配合老师，才是真正地爱孩子，你的孩子才有美好的未来。"这个妈妈的压力一扫而光，高高兴兴地走了。

所以我告诉各位，写作业不完全等于学习，学习不完全是写作业。一个有美好前途的人生不是依靠多几十分，名次靠前就能完成的。学习是广泛性的，学课本、学习学科知识固然是学习，但不能因此排斥其他方面的学习，其他的更要多学。根据孩子的兴趣爱好，在孩子小的时候，别让孩子白白浪费了时间，只把精力花在提高分数、名次上。所有把大部分精力花在文化课上的学生，相当一部分后来都不爱学习了，也没有后劲了，因为储备不够，基础不扎实，知识面太窄。

六、困难是免费的锻炼和考验

2006 年 11 月开始，廊坊明珠礼堂每周六都有“和谐廊坊，市民文化大讲堂”活动，在一年多的时间之内，每周六都会邀请一个知名人士讲一个主题。

廊坊日报邀请我参加了一次，我觉得这对女儿的成长也会很好，就打算让她在一年多的时间里都参加。

有一天，我就事先把这个活动的情况对她说了一下，也说明了这个活动邀请的人都是成功人士，他们能被邀请，说明他们是专家，在某一方面一定比平常人强很多，而且不需要花钱，是免费让市民来听的，这个太合算了。

又过了几天，我又对她说：“吕卓颖，你在很多方面都很优秀，比如学校里的语文、数学、英语等课程，还有看课外书、看电视、玩电脑、交朋友、玩等方面都很好，可是，你还从来没有直接面对成功人士学习过，这个学习是学校里永远不可能学到的东西，它可以让人开阔视野等，错过了有点遗憾。”

在我的启发下，女儿坚定地表示："爸爸，我一年之内，都坚持去学习。"

问题就这样得到了解决。

没有想到，第一次听报告时，女儿周六一醒来，发现天刮着5—6级的大风，就说："爸爸，我不想去了。"

我高兴地说："吕卓颖，你真是太幸运了。连想听报告，老天爷都要给你一个免费的考验、免费的挫折，故意给你刮一次大风，来考验你。我不相信你遇到这点困难就不能去了，就害怕了。吕卓颖，你忘记了吗？你小的时候，在雨天里都专门在雨中骑过自行车，那时，那么多的人佩服你，对你投来佩服的目光。雨都不怕，这点风算什么？"

在我的鼓励下，我女儿高高兴兴地去了。

七、分数不是评优的唯一标准

我有一个学生，叫周芮辰，1992年出生，在小学和初中上过我的思维方法和情商课，十几年来，他妈妈一直跟随我，在我的指导下教育孩子，总是在孩子人生最关键的时刻，得到我的指点，他妈妈说我是他们家一生的贵人。

周芮辰，UP联合创始人，NCK教练执行师，中国青年成功励志演说家，国家人力资源和社会保障部认证高级导师。他20岁开创中国式国学成功学，将心灵成长以及国学融入自己的培训体系中，带领团队进行全国巡回演说。用独创的体验式培训模式，为各大、中、小型企业培训教练领导力行为学。联合开创的UP——大学生潜能挖掘与素质拓展训练，为全国首家大学生素质教育体验式培训，并获得由国家人力资源和社会保障部中国就业培训技术指导中心授证的“企业教练”高级培训导师。

你们觉得吕老师的这个学生怎么样？太厉害了！是不是？告诉你们吧，他从小学到初中毕业，都是班级里老师打压、看不起、排挤的学生，他的功课平均分也就60分的样子。

他坚决不上高中。在妈妈和孩子不知人生道路在哪里的情况下，我坚信这个孩子是个奇才，是个不可多得的人才，是我们的正规教育不适合这个孩子，绝不是这个孩子有问题。我根据孩子的情况，指点他走不同寻常的人生道路，

他幼儿时用科学方式熟背唐诗宋词，初中写出的文章妙笔生花；小学时学习速读速记，获得过全国速读速记比赛第一名；他小小年纪广泛学习，博览群书，初中时谈吐纵横古今，上知天文，下知地理；他没有上高中，十五六岁开始学习国内、国际名人的智慧和思想，跟随名人游学；他的头脑思维灵活，逻辑思维极强，有非常强的感召力，拥有大爱的精神，有远大志向，不到20岁就开始创业……

你能说这个孩子不爱学习吗？学习是个广泛的意思。越小的孩子越要广泛学习，越要学习精华的东西。千万别把大部分精力用在提高分数上，用在把90分变成95分上，这个意义只是上大学时多了几分，用了一时，误了一世。

我的观点是，衡量学生、选拔学生离不开分数，但是只用分数衡量学生、选拔学生是眼光短浅的表现。我们应当制定一套合理的衡量学生、选拔学生的制度，把各种各样的人才都选拔出来，培养出多种多样的人才。

八、假期真正该做的“作业”

每个家长都曾经上过学，都放过寒暑假，都写过假期作业，你们愿意写这样的作业吗？可能有人愿意，不过这个比例应该很低，多数学生是不喜欢写的。为什么呢？我告诉大家这个秘密。

什么是学习？学习是学习未知的，这是学习的定义。学习不是把已经学过的知识、已经练习过多次的题变个花样再拿出来反复学习、反复做，然后说这是为了巩固学习成果。其实这样做的目的就一个：为了分数，为了能多考几分。这样做，家长是高兴的，因为孩子有事做了，可是孩子是痛苦的，这样最破坏孩子的学习兴趣，最破坏孩子对学习的感觉。这样做是把学习的概念理解偏了。

所以，寒暑假的作业要重视，假期更要重视学习在学校里学不到的知识，做在学校不能做的事，去阅读，去游学，或者去看望爷爷奶奶、姥姥姥爷，走走亲戚，或者和爸爸妈妈在一起享受生活，等等。

人生有个前半段、后半段，我把上学这个阶段叫前半段，离开学校的阶段叫后半段。哪个阶段精彩是人生最重要的精彩呢？我们不能只为孩子的前半段做好准备，还要为孩子的后半段做好准备，为每个阶段做好准备。

我们为什么特别强调假期作业呢？还有一个想法，就是担心孩子忘记了，是为了孩子记住。我的观点是，重要的、有用的知识，孩子经过学习已经融化在心里了，是忘不了的，万一忘了，一查立即就能想起来了，经过多年学习，忘记了的知识往往是生活中不用的，或者不重要的。一个人通过学习获得的能力、拓宽的思维才是最重要的，才是在工作、生活中能发挥作用的。

还是用勾股定理来说明，这个知识，因为我学的是数学专业，又教了十年的初中数学，这个定理我一直没有忘记，不过在生活中使用的次数也不多。即使你学的不是数学专业，没有教过初中数学，如果你在初中时学过了，当时是理解的，也用过多次，现在你要用到这个定理，你忘记了，查一下，你立刻就会用了。

我要重点说的是下面的道理。

现在让我说勾股定理是怎么证明的，我也想不起来，可是我有这个能力，有这个思维，我打开书一看，立即就懂了。这个能力和思维才是我学习后留下来一直在用的。

所以，学习的过程，一方面是应用知识点来做一些题，做一些练习，更重要的是通过上面这个过程得到的能力、培养的思维等，这个是能用在生活、工作中的。这才是教育、学习的重点。

我告诉大家一个真理。如果一个精彩的人生需要十根柱子来支撑的话，把学校的所有知识都学成满分，也只是一根粗柱子而已，也支撑不起一个精彩的人生。

我再强调一点，我不是不重视分数，不是不重视学科的学习，我也重视，后面我还会专门谈如何让孩子热爱学习、迷上学习的一套智慧。

第三节

建立热爱学习的信念

我的女儿在上大一的时候，在紧张的学习之余，每周还会工作5个小时，分别在洗衣房和健身房，因为工作比较轻松。同时，因为她学了一门功课，阅读量特别大，又因为有很多的单词需要查，经常深夜12点才能睡觉，甚至有的时候凌晨2点才能学习完，所以她就利用工作的时候学习。她一边工作，一边学习，学习的时候却不会受到嘈杂环境的干扰。

为什么我的女儿能做到这些呢？下面我就解释一下原因。

我经常听到很多的父母抱怨孩子学习的时候磨蹭、马虎，写作业的时候不是潦草就是太慢，还有的父母总抱怨孩子笨，学习的时候经常玩，学习时不能专心。

2004年我认识一个女士，她是廊坊市质量监督局的一名领导，人很能干，可是她总是不敢在众人面前说话。她为了突破这一点，从内心找原因：自己为什么不敢这样做呢？她终于找到了，她的妈妈从小总说她是一个腼腆的人，由于妈妈说的次数多了，她也就认同了。

一个二年级男孩的爸爸有一天咨询我，他说自己孩子的特点是，在做数学难题时能做对，做容易的题目时总是出错，他说原因是孩子马虎。有一次考试完，他的孩子又因为容易的题出错导致分数不高，他就和孩子总结说这是孩子马虎造成的，孩子也说是的。我说："你想让孩子这样下去吗？"他说不想，我说："既然不想，就得改变孩子，为什么还让孩子承认自己是这样的人呢？既然你的孩子已经认为自己是马虎的人，遇到容易的题就粗心大意，就出错，他这辈子都会这样的。"他问我该怎么办，我说："从今天起，你得改变这个看法，也得让孩子改变。"改变成什么样呢？我说："你希望孩子遇到容易的题时怎么做呢？"他说认真，我说："从今天起，你得对孩子说：'孩子，你是一个难题能做对，容易的题能认真对待，也能做对的一个人。'下次遇到相同的情况，你就得对孩子这样说，还得让孩子自己对自己说熟练，过几天还得检验孩子是否记住了。估计得经过多次，在确认孩子完全记住以后，这个工作才能停止，以后孩子才能完全转变。"

有个一年级的男孩，被父母、奶奶和老师说成是一个特别不爱学习的人。奶奶是退休在家的小学老师。因为我在当地经常给父母办讲座，他们找到了我。我觉得很奇怪，怎么能有这样的学生呢？于是就去家访。

那是一个周日的下午，我去到他家，孩子的作业还没有写完。为了让我看到这个孩子不爱学习，奶奶就让孙子开始写作业。刚开始写了一小会儿作业，他就开始玩放在旁边的玩具，奶奶立刻说："这个孩子就是不爱学习，还没写几分钟就开始玩了。”

我让奶奶别吭声，由我来管孩子。我坐在他旁边陪伴学习，他还是这样学一会儿，玩一会儿。有一次我看到他刚放回了玩具就开始学习，我就说：“孩子，我发现你特别爱学习，你认真学，学累了，玩一会儿玩具，刚玩一小会儿，立刻开始学习，真是一个爱学习的好孩子。”

我就发现他学习的态度明显变得更好了，学的时间更长，玩的时间更短，我立刻惊讶地说：“孩子，我发现你又进步了，学的时间更长，玩的时间更短，你怎么这样好呢？”

结果，我发现他把玩具放在离自己更远的地方了，我又立刻表扬道：“这么一小会儿，你又进步了，还把玩具放得更远了，谁能说你不爱学习呢？”

没有想到他说：“奶奶，你把我的玩具放到另一个房间去，我不玩了，我一心一意写作业。”孙子有这么大的变化，奶奶惊讶极了。

他又更加认真地开始了学习。学了大概 40 分钟了，我让他休息一会儿后再学习，他说：“奶奶，你别收我的书和作业本，我玩一会儿，回来还学习。”

奶奶说这是奇迹，他从来没有写得这么快过，没有这么主动、认真过。

大家从这几个例子中悟到什么了？一个人有什么信念就有什么样的行动，你认为自己腼腆，你就不在众人面前说话；你认为自己马虎，你就不认真对待；你认为自己不爱学习，你就不学习。

所以，我们家长一定要给孩子积极、正面的信念，而不要给孩子消极、负面的信念。

在学习上要给到孩子怎样积极、正面的信念呢？

一、你能一心两用

我经常见到这样的教育方式，就是吃饭的时候不让孩子看电视。可是我发现，很多动画片都是在孩子吃饭的时候播放的，如果这个时候不让看，孩子就看不到了。在这种情况下，我就灵活一下，允许女儿看。我就对女儿说："如果我提醒一下你就吃一下，可以看，如果我提醒你不吃，就不能看了。"结果女儿听话照做。

根据这个情况，我还对女儿说："别人是吃饭时不能看电视，你能一心两用，两件事能同时干，了不起。"

指导女儿看电视过程中，我对女儿的肯定还有："你是一个自控力强的人""你是一个爱学习的人""你是一个会安排时间的人""你有能力，能一心两用"，等等。她还感受到爸爸对她的爱，这是一件多么好的事情啊！

二、你能又快又好

孩子写作业又快又好是所有父母的心愿，但我问你，你对孩子说过这句话吗？——"孩子，你的作业一定能写得又快又好。"我很少见到这样的家长。更多的家长，不是说孩子写作业潦草，就是说孩子写作业太慢，总说孩子不好的一面。

我从来不会把负面的词用在孩子身上，我不会说“潦草”，也不会说“太慢”，如果潦草我就说“快”，如果慢我就说“整齐”。

我的女儿写作业的时候，刚开始也是特别快，但是有些潦草，她妈妈就说她潦草，让她写得慢一些，整齐一些。我立刻纠正过来，我说：“我的女儿写作业一定能又快又好，她是先做到快，后做到好。有的人是先做到好，后做到快。反正都能做到又快又好。”

我还耐心地跟女儿说：“作业的认真程度、快慢程度可以不一样，考试和平时可以不一样，正式场合和非正式场合可以不一样，尤其是考试的时候，要提前一定的时间做完，留有检查的时间。不管什么时候，再快也一定要让别人看清楚，看明白。”

有为数不少的家长，想让孩子写作业永远整齐认真。这是不符合人性的，没有人是这样的。没有人写个东西，不分场合永远认真工整。正式场合认真些，非正式场合潦草些。这是正常现象。

再说，现在的孩子，上了一天的学，作业又多，还要看课外书、看电视、玩游戏、运动、交朋友等，放学后可干的事情很多，不想再花大量时间学习学科知识，所以，写作业时，首先要让孩子快，而不是把字练得整齐。如果要让孩子练字，可以专门找时间来练字，而不是把写作业当作练字。

三、你心灵手巧

我的女儿在小学时，学过一年的珠心算，我总是确认她聪明，所以女儿的学习积极性特别高。

老师在每一节课后，都会主动跟家长说孩子这一节课的学习情况，不过老师的重点永远是孩子不足的地方，而且就当着孩子的面。大部分家长也总是把关心的重点放在孩子不足的地方，就是老师不跟家长说，家长也会主动找老师询问孩子不足的地方。

老师当着女儿的面说女儿的不足时，我总是说："老师，您教得很认真，我对您这个老师很满意。"同时，我也说："老师，我对我孩子的学习结果也满意。"这样几次以后，老师下课后就不给我反映女儿的学习情况了，因为我总满意。大家想一想，我的女儿听到我的态度后，是高兴还是难受？当然高兴了。所以，当老师和我谈话时，她不躲我们，她很高兴地在旁边听我和老师谈话，学习兴趣还很高。

那个珠心算学到五级时是一个坎，好多孩子都在这个坎上倒下了，学不会了，所以不学了。好多老师和家长为了能让孩子过这个坎，就让孩子大量做题，想让孩子继续学，结果正好相反，就是因为这个原因，好多孩子都不学了。我不这样做，却有很好的结果，而且我和女儿都很轻松。

我琢磨了几天，想了一个好办法来帮助女儿。有一天她在做四级的题时，我站在她的背后，自言自语地说："孩子，爸爸真佩服你，这么多的数字，爸爸用计算器都不想算，可你脑筋一转，小手一动，答案就出来了，真聪明！爸爸想沾一沾你的光，让我摸一摸你的头，我就聪明起来了，让我再摸一摸你的手，我的手也就灵巧起来了。"我边说边摸。结果是，女儿听到这样的话，精神为之一振，得到了极大的正能量，学习的积极性、主动性更高了，她四级还没有学完，就主动要提前做五级的题，结果一行是十道，她对了四道。我激动地说："孩子你真了不起，四级还没有学完，就要做五级的题，而且离合格（合格是十道对七道）也不远了。"

就这样，我的女儿轻松学了一年的珠心算，不是因为她比别人更聪明，而是这种教育的方法使她继续学了下去。

四、不会的题你能自动会

女儿小学一年级时，有一天她问我一道数学题，我给她讲了，她说会了。第二天，她又问我一道数学题，还是一个类型，还是给她讲了，她说会了。第三天，她又问我一道数学题，我一看，还是前两天的类型。这种时候，好多家长还是会给孩子讲，不过这时也有家长已经说："这孩子真笨，都讲了两遍了，怎么还不会？"或者嘴上没说，心里也是这样想的。我告诉你，你心里想的，这个能量也传递到孩子的心里了。

我是如何做的呢？我说："孩子，这道题你不需要做了，因为这道题太难了，超出了你的能力范围。"她说："爸爸你不是说不会的题要想办法学会吗？"我说："你不是已经问我了吗？你已经具有这种品质了，是这道题超出了你的能力范围，所以你不需要做了。"

她说："我们班有人会做这道题。"

我说："这道题是别人先会，你后会。我问你，有没有这样的题，你先会，别人后会？"

她说有，我就说：“所以这是正常现象，不能所有的题都是你先会，别人后会，那样别人也太惨了，可怎么生活啊？”

说完，我边教女儿在这个题的前面画一个重点符号边说：“你很聪明，这道题过一段时间，也不用人讲，到时候你一定会，也许是一个月，也许是两个月，也许是半年……反正是到时候，你不需要别人讲，你就自动会了。”

说完后，她就把这本书收起来了，放在书架上。

一年后，有一天我和她聊天，聊天的话题勾起了她的记忆，她说：“爸爸，我想起我一年级还有一道题不会做。”

我说：“你拿出来吧。”她一下就准确地从书架上拿出了那本书找到了那道题，我说：“你先读一下题。”她还没有读完就说：“爸爸，我会了。”

我高兴地说：“孩子，爸爸以前说你聪明，到时候不需要别人讲自动就会，你还不太相信，事实是不是这样？”

女儿太高兴了，进一步得到了正的能量，更加热爱学习了。

不过，我要补充一点，我的态度是，“用心”比聪明更重要！我更强调“用心”，我的意思是，别在孩子学习的过程中，总确认他笨，或者暗示他笨。什么事总让一个人觉得自己笨，他一定不喜欢做这个事！

五、谁说你不喜欢学语文

每个孩子其实都爱学习，只要教育工作者用孩子喜欢的方式来教，

没有孩子是不爱学习的。可是由于种种原因，好多孩子就开始不喜欢学某一科或者某几科了。遇到这种情况该怎么做呢？

我的女儿在二年级开学后不久，每天放学回家就说："爸爸，我怎么这么不喜欢学语文！"连着说了快一周。

大家想一想，一个二年级的学生就开始不喜欢学语文，那么不久后语文成绩一定下降。怎么解决这个问题呢？有一天，女儿又说："爸爸，我怎么这么不喜欢学语文呢！"她的话音刚落，我就肯定地说："吕卓颖，爸爸早就发现你很喜欢学语文！"

她一听，疑惑地问："爸爸，我不喜欢学语文，难道我自己还不知道？你凭什么说我喜欢学语文呢？"

我耐心地说："孩子，你忘了？你一年级时，写了很多日记，日记就是作文，你有的日记写了好几段，有的三年级学生还写不成这样呢！在日记中你还用了很多词，这都是喜欢语文的表现。还有，你看电视时，每听到一个新词，都会问：'爸爸，这是什么意思？'孩子，你其实很喜欢语文，只是你没发现，爸爸可早就发现了。"

女儿眼睛发光了，她感叹地说："原来我还喜欢语文啊！"

她说："爸爸，你知道我为什么不喜欢学语文吗？因为如果写错字了，我们老师会罚我们写几十遍。考试前，老师会吓唬我们说'考不好，要挨罚，要罚站'，所以我就不喜欢学语文了。"

我就问女儿："老师为什么罚你们？罚的目的是什么？还不是让你们会、让你们多掌握知识吗？不过，孩子你要明白，你不是不喜欢学语文，你是不喜欢老师这样教。千万别误以为自己不喜欢学语文啊！"

我又强调："孩子，爸爸告诉你，你不到一岁就开口说话了，一说话就说得可好了！这也是你爱学语文的表现啊！因为作文有书面作文和口头作文啊！"

女儿听了特别高兴。

过了一两天，她提出给她买一本《唐诗三百首》，她妈妈也没细问，就给她买了。那几天，她放学回家，就给我们背唐诗，都是利用休息时间背的！

她又提出买《英才教程》，她妈妈也没细问就给她买了。每天放学写完老师布置的作业后，她都自觉地再做好几页《英才教程》上的语文作业！倒是我们总劝她早点休息，或是出去玩一会儿。

以前，语文课上她不愿意举手回答问题，现在抢着回答，语文作业也比以前写得更好了，都受到了老师的表扬！她也发现了，老师真的想让他们学习好，只要她进步了，老师就会表扬她。

这里我附上她二年级时写的一篇日记和一首诗。

2003年5月23日 星期五 阴天

今天，我看数学空中课堂，我都学会了，老师留的作业我都写完了，写完后，我又做妈妈给留的作业，做完后，我就出去玩。中午，下雨了，么昭华穿裙子，我看到么昭华穿裙子，我也要穿，姥姥不让我穿，我非要，我到妈妈家，妈妈也不让我穿，我穿上了觉得很冷，我感觉到今天不是穿裙子的时候，我又脱下了。通过这件事我知道了什么天气穿什么衣服。

我　愿

我愿做一朵云，

高高挂在天上，

看那蓝蓝的天空，

我看到了大地的怀抱。

她19岁出版了一本书《阳光女孩　阳光教育》，学生、家长反响热烈，认为写得很好。

六、这不是马虎，你认真、细心

女儿小的时候，她虽然认真写和检查了作业，可是这么小的孩子她不一定能检查出全部错误来，所以我们家长难免要帮助一下她，检查她是否都检查出来了。我们会经常检查出来她出错的题或者是字，而且一检查出来，她基本上也就会了，这也就是家长们说的"粗心马虎"出的错。这样多次以后，女儿就有疑问了："爸爸，我是不是很马虎啊？"我就问女儿："你是认真写的吗？你认真检查了吗？"在得到她肯定的回答以后，我就说："既然你是认真的，那就不是粗心马虎。你年龄还小，大脑还在发育当中，手、眼、脑的协调也在成长阶段，这就是正常现象，每个人都是这样的。只要你认真写作业，认真检查，你就是一个认真、细心的人。"

现在有很多父母不正常在哪儿呢？他们认为孩子只要认真检查，就应该不出错，只要出了错误，就给孩子下个结论："你是一个粗心马虎的人。”说得多了，就培养了一个粗心马虎的人，或者自信心不足、对自己评价过低、用负面语言形容自己的人。

七、你考得很好，还能更好

女儿小学五六年级时，有一次没有考好，是班级第五名，在路上遇到有叔叔阿姨问她考得怎么样，她就回答人家：“我考得不好。”

回到家，我就问女儿为什么这样回答，她说：“我以前考试最低也是第三名，这次是第五名，我觉得不好。”

我就给女儿纠正：“第五名也是很好的成绩，如果有人问你考得怎么样，你得这样回答：‘我考得很好，还能更好。’如果以后考第十名、十五名、二十名，有人问你考得怎么样，你也得这样回答。”

我让女儿当着我的面声音洪亮地说了一遍，这件事才结束。

为什么我要这样做呢？我认为一个人考第几名不重要，重要的是认为自己能更好。永远有一颗向上的心才是可贵的！

八、你什么条件下都能学好

所有父母都会想办法给子女提供一个好的学习环境，比如，找好的老师、好的班主任、好的学校、好的邻居等等。孟母三迁的故事大家都是知道的，这是中国人重视教育的表现。我对这个是接纳的，同时，我得指出另一方面，那就是要培养孩子积极、正面的信念。这可能是大家有所忽视的。

在同样的环境中，在环境不能改变的情况下，你重点强调了环境，还是重点培养了人？

下面说明我是如何培养女儿不被环境、别人影响，在什么条件下都能学习好的。

女儿曾经坐在最后一排，坐在个子比她高的人的后面，她想找老师调座位，我让她建立的信念是：座位不决定成绩，不是决定成绩的核心因素，我是一个爱学习的人，我坐哪里都能学习好，我是一个积极向上的人，万一有看不见、听不见的时候，我也有办法补上，把知识学会。

女儿也和最“招人”的学生做过一两个月同桌，因为座位是轮流换的，谁和这个学生坐一起，上课都是无法听讲的，因为他总招惹你，一节课下来你得向老师告数次状，骂他多次，也没有效果。谁和这个学生坐一起，同学们就认为谁最倒霉了。

女儿和这个学生坐在一起，一是没有骂过他，二是没有向老师告过状，三是自己的学习成绩没有受到丝毫的影响，四是这个学生分开后还送给她最好的礼物。我的女儿为什么能这样？因为她已经在内心建立了牢固的信念：一个爱学习、对自己负责任的人，别人是影响不了他的。同时，她没有骂过这个同学，这个同学有不会的题她还给他讲，他内心里非常佩服和感谢女儿，所以会送我女儿礼物。

其实在我心中，还把这些不好的条件当作对女儿免费的锻炼和考验。经历这样锻炼的孩子，才是成色十足的金子。这样，女儿办事不找借口，不抱怨环境，不抱怨别人，一心提高自己，同时也帮助了别人，带领别人也成长进步。

第四节

学习语文的科学方式

2014年暑假，女儿一边在北京学习英语，准备在美国的大学托福考试，另一方面利用学习之余认真回忆自己在美国三年的高中生活，用了40天左右的时间，就完成了《阳光女孩　阳光教育》的书稿，我们就投稿给编辑部，编辑部回复如下：大作语言简洁精练，逻辑清晰，文理流畅，可以公开出版发行。

书出版后，众多读者评价非常高，都说是正能量，是一本家长、孩子能同时阅读的好书。

为什么女儿能写出这样的文章呢？我认为，我在女儿小的时候选对了学习方法，和女儿写出的好文章有直接的关系。

一、诵读经典文章

在当下的中国，语文是如何教的呢？先学拼音，再学笔画、汉字、词语、词组、句子，再到短的文章，幼儿园到小学，学的都是非常简单的短文。我回忆了一下，我自己以前是怎么学习语文的呢？划分段落，总结段落大意，写出中心思想，当然也会背一些好的文章，等等。我想现在学校教语文大概也是这样吧。

这种学习方法是从西方学来的，中国古代不是这样学语文的。这种学习方式的特点，是典型的从简单到复杂的过程。这种学习方式，遵循的是学习数学的规律，数学必须从简单到复杂，从个位数，到十位数、百位数，从加法，到减法，再到乘除，再到混合运算……数学就得这样学。

目前国内这种学语文的方法当然也是可以的，不过学习语文有更高效的方法。这种学习方法能让孩子在小时候不知不觉就轻松学会所有的汉字，尤其成年后能写出优美的文章，而且会按照圣人的思想来为人处世。

这种高效的学习方法就是每天诵读最好的文章足够多的遍数，达到滚瓜烂熟的程度。头脑中吸入的都是最好的文章，积累到一定的程度，自然就能写出最好的文章。诵读的特点是要快乐读，有节奏，有韵律，有肢体语言。

这种学习的方式为什么会让孩子在不知不觉中轻松学会所有的汉字呢？汉字就是一个一个的图像，对孩子来说其实没有难易之分，在每天的诵读过程中，汉字在不断地重复，不知不觉中孩子就认识了所有的汉字，就能博览群书了。

打个比方，我们如果要煮 40 个饺子，一般会一下子把这 40 个饺子倒在一个合适的锅里来煮，过了几分钟后，40 个饺子就都熟了。如果有一个人看起来特别认真，一个饺子一个饺子地煮，一个饺子熟了，捞出来再煮下一个，这样做是不是很费事呢？

现在我们的学校教孩子们学汉字，就有点像在一个一个地煮饺子，一个汉字学会了，学扎实了，再学下一个，按照大纲要求，小学到四年级才认识常用的汉字 2500 个，真是太累太慢了。

中华文明几千年，中国的古人早就知道学习语文最好的方法，孩子们从小就从四书五经、唐诗宋词等开始学习，每天诵读圣人最好的文章、经典的文章，不仅不知不觉中认识了所有的汉字，而且头脑中吸入的都是最好的文章，长大后自然理解圣人的思想，就能按照圣人的思想来为人处世，而且成人后写出的都是非常好的文章。所以中国古代诗人、文豪层出不穷，这也是中华文明承传的方法。

那时没有拼音，拼音是近几十年才有的。五四运动后，几乎 100% 否定了几千年的中国传统文化，也否定了古代学习语文的方法，也不怎么学文言文了。其实，用文言文写出的文章是世界上最精练的文章。不学文言文以后，开始了白话文运动，才有了现在这种按数学方式学习语文的方法，所以也就没有了培养诗人、文豪的土壤。

可能有人会怀疑，这种学习的方法，孩子不理解能学下去吗？这个不用担心。越小的孩子，因为他什么也不懂，只要大人能和孩子一起诵读，把这个过程营造得快乐、有意思，孩子们几乎都愿意读下去。幼儿是不需要理解就可以一直读下去的。如果孩子大了，有一点和幼儿不一样，他往往要问这是什么意思，他不理解就不愿意读。不过，如果让孩子理解了这样学习对自己的好处，有相当多的大孩子也是愿意读的。而且随着孩子长大，他的阅历变丰富，知识增多，理解力增加，他就会逐渐理解书中的内容。

我在女儿二、三年级的时候，就和她一起用这种方法学了《老子》《论语》。《老子》中有这么一句："轻则失本，躁则失君。"女儿刚上四年级没几天，有一天放学回来，就跟我说她明白这句话的意思了，她从老师管学生当中悟出来是这个意思："老师管得轻就失去了他自己的本质，老师发怒了，暴躁了，就失去了能干的人。"不管这个理解合适不合适，都是她当下的理解，都是她学习《老子》的收获，都是这种学习方法的收获，我已经满意了。

就像牛的反刍一样，牛先把食物全吃进胃里，进食之后经过一段时间以后将半消化的食物从胃里返回嘴里再次咀嚼。这个学习方法就是这样，先把最好的文章、诗词吸入头脑里，像海绵一样地吸入，随着年龄增长，该消化什么就消化什么，逐渐消化得越来越多。

很多人评价女儿的文章不错，我想和她小时候诵读过两年的经典文章有一定的关系。

二、配乐学习

女儿上初中后，由于学习任务重，工作量大，所以每天晚睡早起，睡眠不足，每天刚起床就感到精神萎靡不振。

怎么办呢？我从网上搜索，找到一种配乐学习的方法，这是一种特别的音乐，叫“爱和乐”，也就是要一边学习一边听着“爱和乐”，晚上睡着后，还要给孩子播放。我就给女儿买回来，用在女儿身上，不到十天的时间，女儿说这个音乐效果很好。我就问女儿好在什么地方，她说：“同样的睡眠时间，以前早晨醒来，头是昏昏沉沉的，现在头脑却很清醒。”

这样学习的原理在哪里呢？这要认识人类的大脑。

大脑有左右脑两个部分，这两部分的分工是不同的，左脑是逻辑的脑、语言的脑、分析的脑，右脑是记忆的脑、想象的脑、创造力的脑。最高效的学习方式是左右脑同时开启，同时工作。

如何同时开启左右脑呢？

左脑是语言的脑，以“爱”的语言来强化左脑；右脑是音乐的脑，以美好的“乐”来活化右脑。

根据大脑科学的研究，左脑与右脑的频率相异。左脑的脑波是每秒钟振动 14—30 次的紧张 β 波，而右脑只能承受每秒钟振动 8—13 次的轻松 α 波。

由于左脑是语言的脑，开口说话就要动用左脑，右脑反而关闭。因此，不开口则已，要开口就要说好话，正面鼓励、赞美的话，使人听了会开心的“爱”的语言。人以右脑沟通心灵，也以右脑与宇宙沟通，所以“开心”等于开右脑。

左脑也是逻辑数学、理解分析的脑，当我们在学习语、数、英、理、化、史、地时，右脑反而关得紧紧的。因此，不论在上课或温习功课时，要应用配乐学习法，以陈功雄博士研究并实践 40 多年的与宇宙、生命同步的“美乐”来开启右脑、活化右脑。由于右脑里存有人类500万年共同累积的智慧结晶，右脑的能力及能量至少超过左脑10万倍，右脑的记忆力与想象力至少比左脑多出100万倍。因此，只要开启右脑、活化右脑，左脑的语、数、英、理、化、史、地等科目成绩自然大为提高。

其实，开启右脑、活化右脑后，不但功课好，规矩也会更好。由于右脑是通心灵的，孩子都有一颗柔软的心，当然不会做伤害生命的事，个个可以成材，可以成人！

人在快乐时，开启右脑，脑会分泌20种脑内吗啡，这些脑内吗啡就让记的知识融化在头脑里。人在紧张有压力时，开启的是左脑，这时，脑也会分泌另外一类脑内激素，这种激素比世界上最毒的蛇毒的毒性还大，让知识记不住，学不进去。

所以在孩子学习时，就要听着“爱和乐”来让右脑和左脑一起工作。这样学习的效果特别好。睡觉时听着“爱和乐”，深度睡眠的时间增长，所以睡眠的效果很好。

在读经典文章时，为了达到一辈子不忘记的效果，可以在“爱和乐”的背景下来读，这样效果会更好。再加上读的时候有节奏、有韵律，快乐地读，这时就是在使用右脑记忆，而不是在用左脑工作、记忆，右脑的记忆力是左脑的100万倍，读够一定的遍数以后，这辈子也就忘不了了。

第五节

影响学习效果的因素

一、学习者的不同风格

每个人学习的方式是不同的，每个家长、教育工作者首先要了解每个孩子的学习方式。

哈佛大学的教育学教授霍华德·加德纳博士提出了多元智能理论，一些教育学家将这个模型简化，最后得出三种不同的学习风格：

视觉型学习者，他们善于通过接受视觉刺激而学习。喜欢通过图片、图表、录像、影片等各种视觉刺激手段接纳信息、表达信息。

听觉型学习者，他们善于通过接受听觉刺激进行学习。喜欢通过讲授、讨论、听有声书等口头语言的方式接纳信息。

动觉型学习者，他们喜欢通过双手和整个身体运动进行学习，如通过做笔记、在课本上画线、亲自动手操作等来学习。

教育工作者得了解这方面的知识，在授课时，每节课都要设计适合这三种类型学习者的授课方式，而不是永远只有一种授课方式。如果只用一种方式来授课，也别认为别的类型的学生不爱学习。

当然每个人往往不是只有单一的一种类型的学习方式，往往是以一个类型为主，别的类型为辅。对此，我们要善于观察。

二、学习知识的四个步骤

学习是什么意思？从字面上来讲，学习不是一个动作，而是两个动作，一个动作是学，另一个动作是习，学是模仿，往大脑里输入是学，习是练习、重复。

孔子说："学而时习之。"掌握一项技能、知识，学和习所占的比例是不一样的，学只占5%，习占95%，因为重复是学习之母。比如，古人说习武，就是说学习武术要大量重复练习，这是学习武术的基本功。再比如画画，从达·芬奇画蛋的故事就知道他是在不断地重复画蛋，提高画画的基本功。

什么是记忆？记的意思是记住，忆的意思是想起。

所以，学习的过程有四步：学—记—忆—习。第一是理解了，输入到大脑里，第二是记住了，第三是想起，第四是重复练习。

如果一个人在注意力100%集中的情况下，把记的内容全部记住以后，25分钟后，只能记住50%，所以一个会学习的人，就要过一段时间以后复习、再复习，这是记得牢、学得牢的特别重要的方法。

现在社会上有一些人记忆特别快、记忆率高，他们不是智力好，而是记的方法科学。

三、老师对学生的态度

学生的学习成绩和哪些因素有关系呢？我发现，最重要也最直接的因素是学习者本人的因素，另外一个就是学习者本人的家庭因素，还有学习者本人处在一个什么样的环境里。这个环境基本上就是学校，这个环境中有一种人的身份特别重要，那就是老师。老师对学生的态度，对学生的成绩的影响是特别大的。所以，我这里重点谈一下学校老师对学生成绩的影响。

一个老师特别喜欢、重视一个学生，就有极大的可能让这个学生对学习特别感兴趣，特别喜欢学这个老师所教的科目，那么这个科目的成绩自然也就是高的；反之，如果老师不喜欢或者讨厌一个学生，那么这个学生很难喜欢这个科目，甚至会不学这个科目。

从老师的角度来说，如果从人性方面来说，老师有自己喜欢的学生和不喜欢的学生，这个属于正常的现象。但是从老师的职业道德方面来说，老师要爱每一个学生，重视每一个学生，让每一个孩子感受到老师的爱。这才是每一个老师应该做的。

从学生的角度来说，我们要教育他："学习是为自己学的，不管老师喜欢不喜欢、重视不重视，都要好好学习。"不过，我发现，在大部分情况下，学生由于年龄较小，做不到这一点。老师对学生的态度十分影响学生的学习态度。

作为家长，你的思路是什么？你会做什么让老师喜欢你的孩子？我可不是说去给老师送礼。目前，有很多家长给老师送礼，想以此让老师重视自己的孩子、喜欢自己的孩子。在这种情况下，老师不是喜欢你的孩子，是喜欢你的礼物，没有礼物了，也就不重视你的孩子了。

你如何做才能让老师喜欢你的孩子呢？你要把自己的孩子培养好。孩子文明、礼貌，有好的品质，有道德，懂事理，懂规矩。这样，老师就会自动喜欢你的孩子。

还有另外一种现象，就是有一部分家长，总是给孩子选老师、选班级，想让孩子有一个好的成长和学习的环境。这个是可以理解的，不过，这个做法不一定起到好的作用。你能让所有的老师都喜欢你的孩子吗？显然是不行的。

我的看法是，对你的孩子好、喜欢你孩子的老师对孩子的成长有好处，对你的孩子不好、不喜欢你孩子的老师，甚至特别厉害的老师对你的孩子的成长也是有好处的，也有利于你孩子的成长。这是孩子成长过程中必然要遇到的。所以，我从来没有想过替孩子选学校、选老师。喜欢我孩子的老师，能重视我的孩子，发现孩子的长处，让孩子的长处得到发挥。不喜欢我孩子的老师，是我孩子免费的挫折，如何在这样的环境中还能学习好，和这样的老师怎么样相处，是我们做家长的要培养的。能不能通过孩子的成长，让这样的老师变得喜欢自己的孩子呢？这是作为家长应该思考的。

我就是把女儿培养成了老师喜欢的样子。

女儿在上小学二年级的时候，她的老师换了新的。新学期开学后不久，她见到了一年级时的老师，她就去拥抱了这个老师，还说："老师，我特别想你！"这个老师特别高兴。这个老师就是女儿说过的厉害的、经常吓唬学生的老师。我想，这样的老师遇到我女儿这样的学生，也会喜欢的。

女儿写完她的第一本书《阳光女孩　阳光教育》，让她初中的班主任黄老师给写一个评价。黄老师的评价中有这么一段：

> 记得卓颖初中上学时常说的一句话："老师，这个工作就交给我来做吧！您看行吗？"还没有等我说什么，她紧接着就说："行！一定行！对吧，老师？"然后她用一脸灿烂的笑容面对着我，眼睛一眨不眨地看着我。我用肯定、赞许的目光注视她片刻，并说："嗯，这事就交给你了！"随之我俩会心地一笑。

我们作为家长的重点是培养出一个有爱心的、有能力的、能处理人际关系的并且有优秀品质的孩子，这样的孩子到学校后，老师会自动喜欢，会自动重视，这就等于给孩子创造了一个最利于他本人成长的环境。

当然，如果我们不是把孩子培养成有优秀品质的孩子，孩子到哪个环境也没有人会喜欢，这其实就是对孩子最大的不爱。

第六节

如何陪伴孩子学习

学习对每一个学生来说都是特别重要的，孩子的学习对父母来说意义也许更大。如果父母的心态、方式正确，可以做到轻松育儿，同时让孩子迷上学习；如果父母在陪伴孩子时，心态、方式不正确，不仅自己累，还会减少孩子的学习兴趣，甚至会彻底破坏孩子的学习兴趣。

我们不求每个学生都得第一名，但我们可以让每一个孩子的所有能力全部发挥出来。

下面我讲一下我的做法，它适合所有的学生。我的方法会让父母特别轻松地陪伴孩子，也让孩子迷上学习，同时父母自己也会特别幸福。

有个高三的女生，不到半年时间就该高考了，上完我的课“绽放生命的智慧”后按照我说的学习方法学习，她每月月考全年级排名都进步30名左右，直到高考前最后一次模拟考试，成为班级第一名。老师感叹地说："她能考第一名，逆了天了！"

有个初三的学生听完我介绍的方法以后，回家就给父母说："爸爸妈妈，初三我不用补课也能把学习成绩提高！"

当然这样的孩子需要学校、家庭一起来培养，不过是以家庭教育为核心来培养。只有这样才能培养出一个健全的人来。

在孩子的学习这件事上，父母如何做，能让孩子学习轻松并且迷上学习呢？

一、让孩子明白学习对自己的好处

这个道理是每个学生首先要明白的，只有真正明白了这个，才会有一个好的学习态度。当然每个父母可能都会给孩子说这个，但我发现，孩子还小，如果大人说得"高大上"，孩子根本没有感觉，也不能理解。

我是这样说的："把自己的学习搞上去，当下就受益，自己高兴，老师表扬，同学羡慕，自己的未来还会因此更美好！把自己的事搞好了，别人对你还这么好，这多合算啊！反之，没有把自己的学习搞上去，当下就吃亏，自己难受，老师批评，还有人看不起，这多不合算啊！没有把自己的事做好，还得到这些，这多么冤啊！"

这也是我经常对女儿说的话，让小孩子容易明白。

二、让孩子做到用心学习，而不是努力

一说努力，孩子就会觉得累，说要努力就好像要废寝忘食，而且越努力，越说明学习是一件难事，越努力就越说明学习好不属于自己，因为不属于自己的才需要努力，越不属于自己的才越要努力。所以我说要用心学习，意思就是说把学习这件事放在心上，惦记着学习这件事，把学习当作核心的事去做。

用心学习具体表现在这几个方面：认真听讲，认真写作业，不会的要想办法搞会。

用心学习，把学习放在心上的人，是先看电视后学习，还是先学习后看电视，这个先后顺序并不重要，重要的是用心学习，学习时全身心学习，不会的题永远惦记着想办法把它搞会，不是为了看电视、玩，把学习应付一下，敷衍一下，而是不管什么时候学，都认真学。

女儿初一时，有一节英语课上老师教了十个英语单词，她认真学了，结果下课时，她发现自己学会了六七个单词，有一部分同学则全会了，她就有一定的压力和失落，对自己产生了一定的怀疑，回到家就对我说了这件事。

我对女儿说："学习核心靠的是用心，每一个人的智力水平都是不同的，但都足够把人间所有的知识学会，一堂课下来，有人全学会了，有人学会八九个，有人学会六七个。不过学得快的人，忘记得也快，学得慢的人，不容易忘记。不管是哪种人，要想学习好，都得用心去学。学得快的人，他要知道自己忘得快，他得惦记着这个事，过一

段时间再复习，才能真正掌握全部单词。你这样的学生，也完全能把学习搞上去，你也得惦记着自己还有几个单词不会，抽空得再学一学。你这样做了，结果发现自己也学会了所有的单词。在这一点上，你们是相同的，都得用心才能行。如果特别聪明的人不用心，也学不好。”

三、让孩子明白学习是简单重复的事

知识是连贯的，今天学的知识，明天、后天就能遇到。如果不会，就想办法搞会，具有这种品质，是最重要的。

女儿上初中时，一次因为有事有一段时间没有去学校上学。结果再上学后发现，老师讲的东西听不懂了。她有点着急，想让我给她请家教补一补落下的课程。我对女儿说：“爸爸告诉你一个秘密，学习是个简单重复的事，你落下的英语现在进行时，以后天天都会遇到。只要你用心学习，遇到不会的就想办法把它搞会，你有这种精神，很快就能学会，哪有必要请家教呢？”这件事就这样过去了，我也没有再去问她。

过了一两个月的时间，有一天我突然想起这件事，就问孩子：“现在进行时会了吗？”她说：“早会了。”

以后在关键的初三时，她因为申请美国高中的事情请假，一下子耽误了十天的课。我们没有请家教，也没有报课外班，都用相同的心态和办法，用心学，遇到不会的要想办法搞会，总是不久就把落下的知识全补上了。

四、当为孩子加油、喝彩的“啦啦队员”

父母在陪伴孩子学习时，有四种身份，分别是：运动员，监督员，教练员，啦啦队员。

如果把孩子的学习比作一项运动，比如一场篮球比赛，作为学习的主体，孩子应该是运动员，是孩子在学习，而不是父母在学习。

父母最科学的、最能激发孩子学习积极性的陪伴方式是哪一种呢?

假设我们所在的城市派一个篮球队去比赛，派你去当啦啦队员，你会如何做呢?

当我方队员发挥得特别好，一路领先时，你会如何做?一定是鼓掌欢呼！你会不作声吗?你会说“篮球运动员就应该这样，发挥好是正常现象”吗?如果你这样做，就不派你去了。

当我方队员发挥得不好，全面落后时，你会如何做?一定是加油鼓劲！你会在旁边骂他们“没出息，笨蛋”吗?如果你骂的话，也不会派你去的。

同样的道理，在学习这件事情上，孩子就相当于运动员，父母最好的陪伴方式就是当一个好的啦啦队员——当孩子表现好时，鼓掌欢呼；当孩子表现不如意时，加油鼓劲！这样才能让孩子积极主动学习，热爱学习。

不过，这一类的父母比较少，更多的父母扮演的是其他三种身份。

运动员型的父母的做法，往往是替孩子做很多的事，如替孩子削铅笔、擦除错字、整理书包等等，经常自己上手代替孩子做事。我见过的一个爸爸就是这类父母的典型代表。他的孩子学钢琴，为了把孩子教会，他自己以前不会弹琴，现在弹得特别好，而他的孩子因为没有积极性，不仅学得累，而且总也学不会，他也累得够呛，原因就是这个爸爸当了运动员了。

监督型的父母最多见，孩子学习时，父母总在旁边监督孩子：老师留的作业写完了吗？都对了吗？父母的用心程度超过了孩子。孩子在做一件事时，如果父母总在旁边监督着，在孩子看来，这件事是给谁干的？显然是给父母干的！这事是给父母干的，父母的态度又不好，自然造成了孩子的被动学习。孩子感到学习是为父母学的，这是导致很多孩子不爱学习的原因之一。

你陪伴孩子学习时，应该是什么态度呢？如果你今天要挪动一下床，一个人干不了，让一个朋友帮助，人家一不小心，磕了一下床，你会如何说？你心里再不高兴，你也得说“没关系”，因为人家是给你帮忙的。人家干得好，你谢谢人家。人家没有干好，你得说“没关系”。这才是你监督孩子学习时应该的态度。

教练型的父母是什么意思呢？就是父母在陪伴孩子学习时，总是要显得自己比孩子高明，孩子比自己差。这也最能导致孩子不自信，降低孩子的学习兴趣。

所以，所有父母都要学会当孩子的啦啦队员，给孩子喝彩和加油，让孩子感觉自己行。父母不是老师，老师的核心任务是教孩子知识，父母的核心任务是为孩子喝彩和加油，让孩子在人生的道路上得到动力。

五、让孩子明白当下永远只有一道题

因为很多孩子感觉作业量大，所以写作业的时候很慢，磨蹭。这个难题令众多家长头痛。

我是如何让女儿轻松学习的呢？我会让她明白当下永远只有一道题。我也在领袖营里给学生讲了这个道理，很多学生的作业多的压力一下没有了。

首先，我跟大家说两个概念：真实的存在和虚拟的存在。这是什么意思呢？现在假设你手里拿着一支笔，你看着它，此时，这支笔对你来说，看得见，摸得着，这个就是真实的存在。如果你现在扭头看着旁边的一张桌子，这时，桌子看得见，摸得着，桌子对你来说就是真实的存在。这时如果我问你刚才那支笔是什么颜色、什么样子，你在哪里搜索那支笔的颜色和样子呢？一定是在头脑里，是不是？此时，这支笔就在你的头脑里，就是虚拟的存在，看不见，摸不着。

如果你理解了上面的意思，我再告诉你：只有当下，没有过去和未来。当下就是此时此地，当下是真实的存在，过去和未来都是虚拟的存在，在人的头脑里。人只能待在当下，不能回到过去，也不能去到未来，因为当下才是真实的存在，过去和未来只在头脑里，一个是记忆，一个是想象，都不是真实的存在。

为了方便沟通，才统一规定了今天是 2015 年 10 月 15 日，昨天是 2015 年 10 月 14 日，明天是 2015 年 10 月 16 日，才有了去年、今年、明年等时间的说法，这是人们的规定，不是宇宙原有的，宇宙中没有这些。

如果你懂了这个道理，老师布置再多的作业，你把精力全放在眼下这道题上，不在头脑里去想已经做过的题的对错，不在头脑里去想后面有多少道题，那么你就永远只用面对一道题了，所以心情好，轻松，效率高。

六、把好检查作业这个关

对孩子来说，学习是一件有意义的事，尤其对未知的领域特别感兴趣。可是有时候写作业是一件很没有意思的事，或者是很累的事情。所以，在孩子写作业时，家长就要动一番脑筋，让孩子有意思地写，快乐地写，专心地写。还有，小学生需要老师和父母把好检查作业的这个关，没有有效的把关，孩子的学习能力难以提高。家长要学会正确的检查方法，以培养孩子仔细认真、独立思考的能力。不过如果家长做得不好，就又会变成了替孩子做事。

怎么把好检查作业这个关呢？具体的方法如下。

限时激励

首先了解一下孩子的作业量，问一下孩子估计需要多长时间，或者自己估计一下需要多长时间，然后带着挑战的心理，看孩子是否能在规定的时间内完成。如果在规定的时间内完成，就精神奖励，表扬他是一个好孩子，说自己喜欢他这样，亲吻他，拥抱他，也可以适当物质奖励，奖励孩子一个他喜欢的东西或带他到一个地方去玩。若发现孩子写作业时有不专心的表现，只要不是太过分，就让他动一动好了，毕竟家里是一个歇息的地方，比学校要自由得多。如果孩子注意力太不集中，有拖拉的行为，家长可以在旁边提醒一下，鼓励一下："已经做了 15 分钟，继续加油，成功在等待着你。"

中途检查

当发现孩子做作业拖拉，家长感到有必要制止时，可以走到孩子身边，边用手抚摸他的头边说："是不是遇到了难题做不出了？要不要爸爸妈妈帮你一下？"

这样做的目的是把孩子的注意力拉回到学习上。通常情况下，孩子会说："不是不会做。"这时家长要表现出平静的神情："孩子你很聪明，爸爸妈妈相信你很快就能做完，我们等着你的好消息。"这种方法，一方面中止了孩子拖拉的行为，让他把精力放在学习上，另一方面让孩子明白家长在关注他，希望他快一点儿完成作业。这是一种正能量的表现。

这时，如果责骂、数落孩子，就会加重他的坏习惯，因为这些属于负能量。

直接要求

在以上两种方法不管用的时候，还可以用比较严厉的方法——"直接要求”法来纠正，这种方法要事先了解一下孩子的作业量，然后直接提出完成的时间。比如，今天的数学作业不算多，用 25 分钟完全可以做完，语文少一些，用 20 分钟可以做完，就可以直接要求孩子：“如果在规定的时间内没有完成，到了时间，爸爸妈妈便会收起你的作业，装在书包里，不能在家继续做了。老师检查的时候会处罚你，这个责任完全由你来承担。当然，如果你觉得时间不够，现在可以提出来，我们再商定完成的时间。”

这种情况下，家长说到就要做到。当然，在执行这一规定时，情绪要平静，不能发火。要让孩子明白，家长说话是算数的，不是闹着玩的。这种方法是不得已的做法，带有强制性，所以要事先与老师取得联系，请老师做好配合，以免老师认为家长不检查作业，把教育的责任都推给了老师。

陪伴而不是盯着

不要盯着孩子写作业，不要一发现问题，比如写错了、写歪了，就一边帮孩子涂擦，一边批评、埋怨、责怪孩子：“怎么搞的，又做错了？总是改不掉，说多少遍了，就是记不住。气死人了。”

因为在这种紧张、焦虑的情况下，孩子的学习兴趣与头脑很难打开，这个时候，家长再怎么说教，孩子也是听不进去的，也是不能改正的。

正确的做法是，问一下孩子有多少作业，估计什么时候完成，然后叫孩子自己去做，我们轻手轻脚地做自己的事，不轻易打扰孩子，等他做完后先让他自己检查，家长再把关。

把关把什么

孩子低年级时，重点检查字迹是否端正，是否能让别人看明白，做完作业时发现有不正确的地方，首先不要指出具体错在哪里，而是说出大体范围，先要肯定，比如“做得不错，但这个题有不对的地方，你再看看”，或者在有问题的地方画出一个范围，让孩子自己找出不正确的地方自己改正，如果孩子找出来了，就及时表扬和肯定。

孩子读高年级以后，重点检查孩子的做题思路，算式的列法是否正确，而计算的结果一般不检查，由孩子自己做和检查。

这样就能培养孩子对自己负责任、学习认真仔细的品质。

七、让孩子学会放下不会的题

我们是要提倡孩子在遇到不会的题时要想办法把它学会，是要孩子有这种品质。可是，即使孩子有这种品质，也不一定所有的题都会。如果遇到真不会的题，就要放下。放下的意思是，这时要正常吃饭、睡觉，正常生活。因为每个人都有不会的题，这是正常现象，这是真理，地球上还没有一个人会做所有的题。所以遇到实在不会的题，就要放下。如果放不下，那就不能正常生活了，就会崩溃，就会特别累，就会成为小人物。

很多人认为，遇到不会的题就吃不好、睡不着，这是积极向上的表现。其实不是这样的，这是拿得起放不下的表现。这恰恰是在挫折面前最负面的表现、最不能调节情绪的表现。大家想一想，就是因为一道题不会，就吃不好、睡不着，那还能办什么事呢？

我以前在山东做过公益活动，认识一个高中生，有一天，他打来电话说他快崩溃了，他特别着急，到高三了，他还有些题不会，现在的他已经发展到几乎整个晚上都睡不着觉了。

我对他说："那就放下那些不会的题吧，该吃就吃，该睡就睡，该玩就玩，学到什么程度就是什么程度。"

他说："那不行，我们老师说了，那样就完蛋了。"

我说："你信了老师的，你就完蛋了。你为什么咨询我？不就是你信了老师的，快挺不住了，快不行了，快完蛋了才咨询的吗？"

那个学生立刻明白了，他说："我要学会放下。"立即高兴轻松了起来，继续正常地学习和生活。

我想，那年高考他一定正常发挥出自己的真实水平了。

八、让孩子学会正确对待考试

我先问大家：什么样的人喜欢考试呢？

有些人不愿意考试。我也发现，有的人是愿意考试的：第一类是学习特别好的人，他一考试就考得很好；第二类是对考试有正确观念的人；第三类是考试后总能得到表扬的人。

第二类人是如何看待考试的呢？他们把考试看作检验自己学习结果的一个手段，也就是，学了一段时间了，学得怎样呢？哪些知识掌握了，哪些没有掌握，通过考试一下子就知道了。对他们来说，做对的题只是证明自己学会了，有没做对的题也很好，能把没有掌握的知识补上。

我经常对女儿说："考试就是把会的题做对，不会的题考完后继续把它学会。"让她以这种心态去面对考试。基于以上原因，女儿她考前没有压力。

考前要有意思。女儿小学五年级时，有一次快期末考试了，同学们都紧张地复习，女儿一点儿压力也没有，可是觉得没有意思，就让我给她提个考试要求，我说："每一门都60分怎么样？"她说："爸爸这个要求也太低了，不用干就知道能实现。"我又说："每一门都99分怎么样？"她说："这个太高了，压力太大，怎么努力也难以实现。"我又说："那就每一门都95分以上怎么样？"我又强调，"不是平均95分。"她说："这个还可以。"然后她就进入积极的学习状态之中去了。

这个是告诉大家目标要定得合理，太高、太低都不行，合适的目标让人产生动力，不合理的目标对人产生阻力。

一个人不管考试的成绩如何，总能得到表扬的话，那就会喜欢考试。可以表扬他学得好，或者表扬他进步大，或者表扬他成绩稳定、学得扎实等。反正，我发现如果一个人考试后总能得到表扬，他就喜欢考试。

九、让孩子学会脚踏实地地学习

当一个人有了心愿、目标后，会因为各种各样的原因导致担心自己万一实现不了怎么办。这是最不应该有的状态。

如何让一个人快速摆脱这种状态？鼓励他、相信他当然是要的。不过还有更好的办法。

我的女儿在美国上的高中，在她没有选定自己要上的大学的时候，一天她和表哥、表嫂聊天（表哥、表嫂都是康奈尔大学毕业的研究生），表哥、表嫂给她说了康奈尔大学的一些情况，这对女儿很有吸引力，于是女儿定下目标要上康奈尔大学。有了心愿、目标后，她的学习状态立即上了一个崭新的台阶，每天都是全身心学习的状态，她觉得自己完全有实力上康奈尔大学。

比她高一届的一个学生，参加了美国的一个画展。康奈尔大学觉得这个学生的画很好，就到他们高中来面试这个学生。结果面试后这个学生不符合康奈尔大学的要求，没有通过。

这个学生女儿也认识，她也觉得这个学生实力不低，结果没有面试通过，她就怀疑自己没有实力上康奈尔大学。

女儿跟我说了她的心态，我给她讲了两点：

“第一，你想要的，都是宇宙发送给你的。宇宙为什么发送给你？就是让你实现的，所以你没有理由实现不了。

“第二，万一有点困难，那么什么地方有困难，就是什么地方出现了贵人。贵人的出现，就是帮助你实现心愿、目标的。”

结果她立即悟到了，她说：“我需要做的就是脚踏实地地学习，不攀比，不想别的。”然后立即进入100%自信的状态。

能量高的人，是当别人不自信、没有能量的时候，立即让别人得到自信和能量；能量低的人，总是说一些让别人不自信、让别人失去力量的话。

我们用以上的方式来陪伴孩子学习，目的是让孩子把全部能量、潜能发挥出来，把全部能量、潜能发挥出来之后，这就是最好的成绩、最好的名次，也不一定就是第一名。家长不要贪心啊，总让孩子得那个第一名！就像我的女儿，她的实力不是班级里的学霸，她不管怎么努力都不会是班级里的第一名、第二名，她的智力水平是前15%的样子，也就是100多人，她在正常学习的情况下，就是第15名左右的样子，越轻松，会考得越好。她在初三中考时，年级1000多人，她考了第157名，这就是女儿真实的水平。她在高中、大学也是这个样子，她接纳了自己正常学习就是这个水平，这也是她轻松的原因之一。

后　记

现代社会，由于金钱对生活的影响越来越大，加上传统文化的缺失，社会衡量成功的标准变成了财富的多少，这使越来越多的人对家庭的重视程度日益减少。有许多人成家以后，把核心精力放在了怎么挣钱、怎么创业、怎么让事业繁荣兴旺上。即使是事业有成、功成名就的人，如果没有处理好家庭的关系也会落得晚景凄凉，因为父母、兄弟姐妹、孩子和自己是息息相关的，是一荣俱荣，一损俱损的。事业上的成就再大，如果没有经营好家庭，人生都会有很大的缺憾，甚至可以说是失去了最核心的部分。因此，经营好自己的家庭，教育好孩子，以及经营好和父母乃至兄弟姐妹这个大家庭，是非常重要的。

一个人从小到大，从幼儿园到大学、研究生，所学的知识都是如何做事情、如何工作的，从来没有学过如何经营家庭的学问。社会上就没有一个正式的组织来做这方面的工作，也就是说整个社会都没有很重视这个方面，人们长大后自然就会忽视家庭教育和家庭的经营。

经过多年的研究，我发现，一个人人格的健全，性格的完善，良好的习惯、修养等一些核心素质的培养，核心靠的是家庭。家庭是孩子的第一所学校，父母是孩子的第一任老师，不管这个“学校”教的是什么，这个“老师”胜任还是不胜任，都无时无刻不在影响着孩子、教育着孩子，因为教育本身就是一个输入的过程，这个“学校”、这个“老师”无孔不入地在给孩子输入着他们本身具备的所有东西。

我有个观点：一个人在学校里学的知识、技能其实和经营家庭都没有直接的关系，都是用来干别的事情的。你同意我的观点吗？

因此，一个人要想经营好家庭就得学习，如果我们的社会特别重视这方面的教育，把这个列为人生必修的课程那是最好的。

我是什么时候意识到这个问题的？

第一，是在女儿六七岁的时候，她花钱只向爷爷要，并让爷爷对我们保密，直到半年后她要得越来越多、越来越频繁，爷爷不敢保密的时候，我才意识到也许是我们做父母的这里出了一些问题。于是我开始学习和研究，也真的在自己身上找到了原因。我用学到的理念和知识很快解决了孩子身上出现的问题。从那时起，我发现，我从小学到大学，学了十几年的学问太狭窄、太局限了。

第二，过年回老家时，村子里的老人问我一些问题，他们是 20 世纪 20 年代出生的人，在他们眼里，大学生应该是博学的。可是，他们问的好多问题，我在学校根本就没有学过，这也让我意识到在学校里学的知识太少了、太专了。

从那时起，我为了孩子，为了家庭，开始了广泛的学习，十年期间，陆续完成了以下这些课程的学习：赏识教育高级研修班、CORT思维训练教练、柔性思维教练、NAC心理学、超级说服力博士班、学习型中国投资理财、国际NLP执行师、企业教练1—3阶段、轻而易举的富足、香港实现丰盛导师班、绘画分析师。这些对我的人生产生了巨大的影响，这种影响力超过了我受过的十多年的学校教育。

我还带动女儿一起学习。我不想让女儿长大后再学习，那样太晚了。女儿那时还在上小学，就开始和我一起外出学习，她现场学习过或通过光盘学习过一些社会上的成功人士的课程。她参加了各种各样的夏令营，这些对女儿影响很大。

学习的结果是我的家庭越来越幸福，女儿也很卓越。在中国第二十七届书博会上，我代表河北省的书香之家发言："女儿能这么幸福，同时有些成就，大部分是我离开学校以后学习的结果。"

现在，女儿已经大学三年级了，以后，她也要成家立业的，在她在学校学习的同时，我已经开始重视女儿在经营家庭方面的学习了，我要让她在成家之前就开始学这方面的知识，而不是成家之后。

我的父母是20世纪20年代出生的人，他们有四个孩子，虽然他们没有多少科学文化知识，但是他们是传统文化的受益者。他们经常给我们讲古代圣贤们的故事，这些故事全是为人处世方面的事情，我们从父母讲的故事中，学会了很多。同时，他们没有对我们发过脾气，没有责备过我们，永远是欣赏、鼓励，所以，我们兄弟姐妹四个全上了大学，工作上取得了一定的成绩，家庭也幸福美满。我们能有这样的结果，是因为我们有一个比较好的原生家庭。

在我这里，通过学习和成长，我们给女儿提供了一个更好的原生家庭，所以，女儿从小学一直到现在，都是健康成长的，是更高能量的状态。我希望在女儿这里，她能为她的孩子提供更优质、能量更高的原生家庭，让家族越来越兴旺。

现在，我是卓越父母国际研究院的亲子导师。卓越父母国际研究院是专注于家庭教育，具有全国影响力的平台。它是华人家庭教育专家林青贤先生于2012年在香港创办的，目前已经将平台建成具有全国影响力的知名平台。卓越父母国际研究院的主要课程包括父母成长系列、两性关系系列和孩子能力提升系列，其中的品牌课程“父母专业课”，截至2018年2月份已经在全国100多个城市循环举办了1500期，有近50万家长走进了课堂。

这是我从事家庭教育工作以来，见过的最专业的、最有爱的平台，课程成体系，性价比最高，我要在这个平台上，让更多的孩子有更好的原生家庭，健康成长，让更多的夫妻恩爱和谐，家庭幸福美满！

最后，我要感谢这么多年来支持我，信任我，跟随我的广大家长朋友们，是他们的期待让我有了动力完成这本书，愿这本书给他们带去更多的收获、更多的幸福，愿他们：孩子健康成长，夫妻恩爱，家族兴旺。

吕红兵

2018年7月